JN438164

가슴과 가슴 사이

박춘임 아홉번째 울림

문학공원 시선 195

가슴과 가슴 사이

박춘임 아홉번째 울림

문학공원

서문

아홉 번째 울림 〈가슴과 가슴 사이〉를 내면서

아름다운 것을 보면
누구나 저절로 아름다운 가슴이 된다.
그러나 아름다움을 아름답게 표현하여
모두가 아름다워지려니
참 단순하고 쉬울 것 같지만 힘든 일이다.
혹은 아름답지 않은 것을
아름답다고 표현할 수 있도록 잘 다듬는 일은
더욱더 힘든 일이다.

미루어보아 시는
편협한 나의 자아를 깨뜨려준 나의 신세계이다.
내가 고통스러울 때, 시는 더 큰 고통의 힘을 가지고 있어서
그 고통이 나의 완고함을 이겨내고야 만다.
그래서 시는 늘 나를 떨리게 했다.

시를 쓰고 시집을 내는 일은
잘 팔려서 돈이 되리라 기대하며 쓰지 않는다.
빈 주머니를 뒤집어서 출간하고도
돈이 아깝지 않은 까닭은
우리 모두에게 여러 가지 삶의 길을 제시해주는
아름다운 세상으로의 통로가 될 수 있다는 믿음과
한국 시문학 작가로서의 아우라, 또는 깡 때문이다.

2021년 8월

월출산여우 박 춘 임

Contents

제1부

오래된 부부 · 1

제2부

오래된 부부 · 2

Contents

제3부

내가 빛입니다

제4부

내가 희망입니다

Contents

제5부

우주의 자본

제6부

품이 되거나 아픔이 되거나

Contents

제7부

영웅들의 희망

제8부

그림자마저 하늘입니다

제1부

오래된 부부·1

오래된 부부 - 색깔

파란색과 파란색이 만나서
파랑이 되고
빨간색과 빨간색이 만나서
빨강이 되면
어긋남이 없으니 참 좋을 것 같지만

파란색과 빨간색이 만나서
보라색이 되니
드디어
사랑이 되었더래요

너무 다른 서로가
서로의 가슴에 파고들어
영롱하고 신비가 되었더래요

▮ 시가 보랏빛처럼 예쁘네요. - 정지우(독자)
▮ 음과 양의 조화, 세상은 모든 것이 균형이 맞아야 하니 자연이 법칙입니다. - 이호준(독자)
▮ 잔잔히 미소 짓고 갑니다. - 돌담길(독자)

오래된 부부 - 세월

내 안에
내 몸을 숙주 삼아
바이러스처럼 허락 없이 들어와
오래도록 함께 살아온 남자

내 부모님보다
나를 더 많이 아는 남자
나보다
나를 더 잘 아는 남자

내 마음 나도 모르는
깊은 세월만큼 오래된 남자가
새삼스럽지 않게 곁에 있습니다

■ 서정미가 줄줄 흐르네요. - 심재윤(독자)
■ 서로에게 최선을 다 했나 돌아보아야 겠습니다. - 김정홍(독자)
■ 사랑한다는 표현을 하고 살아야 하는데 그것이 안 되는 이유는 뭘까? - 이평순(독자)

오래된 부부 - 후회

그 사람이 내게
잘해준 것은 기억에도 없는데
감사합니다

끝장내고 헤어지리라
도장 찍고 이혼하리라
속으로 몇 번을 반복했는데
곁에 있어주니
고맙습니다

시키지도 않은
반찬을 준비하면서
몇 날 몇 밤 들어오지 않으면
편할 것 같았는데
해 저물면
멜 없이 앉아있기만 해도
든든합니다

때로는 미운 마음이
내 마음에 가득할 때
후회하지 않으리라 하며 미워했던
그 순간을
후회합니다

▌있으면 귀찮고 없으면 아쉽고. - 이평순(독자)
▌생각을 반전하는 모습이 더욱 다름답습니다. - 이서윤(작가)

오래된 부부 - 품앗이

이치로 보면
말도 안 되는 사랑을
모서리 하나 없이 펴 주고도
잊히지 않는 자식을 향한
헌신적인 사랑이 있는가 하면

방정식으로 보면
눈물 이 외에는
답이 없음을 뻔히 알면서도
내가 부모 되어 알아가는
부모님에 대한
어리석은 후회도 있는가 하면

미웠다가 고마웠다가
원망스럽다가 안쓰럽다가
결국은 티격태격 부딪히고 살펴가는
부부의 공식은
평생 품앗이로 살아가는 우정이더이다

▌갈수록 농익은 작품, 여우님의 진실이 아닐까? - 정형택(시인)
▌성숙한 인생 행복하세요. - 조부기(작가)

오래된 부부 - 깨달음

오래된 부부의
식사가 끝난 식탁에서
커닝을 하듯
각자의 약봉지를 들썩거리고 있네

바람 한 점으로 내 몸에 파고든
보도 듣도 못한 병명이거나
이런저런 병력과
인연을 맺게 하여

내 몸을 향한
건방진 마음도
그 사람의 몸을 향한
깨달음의 마음도
나란히 나란히 함께 가고 있었네

이것이
오래된 부부의 살아가는 그림이었어

▌ 글로 삶을 표현한다는 것은 힘든 일인데 표현이 참 예쁘고 구상이 좋군요. - 김정환(독자)

▌ 좋은 글이네요. 행복한 하루 되세요. - 김상훈(독자)

오래된 부부 - 동반자

처음 그 순간
티끌 없이 맑디맑아
목숨까지 걸어 두고
바라만 보아도 좋을 사랑이었어

자분자분 따순 그 사랑 말고도
또 다른 것을 갖고 싶어
안달했던 젊은 날도 있었어

살다 보니
연애편지 같은 후끈한 관심도
필요 없이
각자 잘 살면 장땡이라 여긴 적도 있었어

그러던 어느 순간에 서로는
서로의 그림자마저 보듬고 기울더라

사랑
그 한마디의 사무침보다
홍역처럼 앓고 지나온
기막힌 청춘의 동반자여

■ 지겨울 때도 되었는데 끝까지 사랑하라네. - 강성호(독자)
■ 미운 정 고운 정 진국처럼 깊은 사랑이여. - 홍세진(독자)

오래된 부부 - 디저트

남자의
붉디붉은 심장이
목숨 걸고 뛰는 순간

목숨 같은
처녀의 순결
그 붉디 붉은색이 드러눕던
순정의 색깔

오래된 부부의 밥상머리에
소박한 디저트
레드키위를 썰어놓으니
생리 빛 그 붉은색이
발그레 웃고 있다

▌부부란 참 묘한 인연이지요. - 김용기(독자)
▌보글보글 사랑의 속삭임도 익어갑니다.고운하루 되세요. - 조부기(작가)

오래된 부부 - 부부의 날 메시지

자잘한 잔소리 들을 만큼 듣고
삼킬 만큼 삼켜온 남자는
그 자리에 그대로이건만

다 맞는 말이 아니라는 것을
뻔히 알면서도
잔소리를 퍼붓던 여자는
혼자서 팽팽했던 세월이 아득한데

부부의 날
저녁이나 함께 먹자는 남자의 메시지에
반쪽짜리 약점으로 타드락거리다가도
반쪽짜리 약점을 덮어주는
하나 된 고목의 그늘이었기에
서까래의 솔향처럼
흥건하게 젖고 마는 그 여자

▌ 부부금슬이 넘실거리네요. - 장윤호(시인)
▌ 우리는 영상 하나 주고받았는데 그래도 이나마 함께라서 감사해야지요. - 임미화(독자)

오래된 부부 - 미친 사랑

"미치도록 사랑해본 적 있냐"고 묻지 마시게나
그냥 사랑했다가
세월 흐른 뒤 비로소
그 사랑에 미쳤었다는 사실을 알게 되는 것

미치도록 사랑해보고 싶다는 것은
이별의 상처거나 아픔이거나
지금 서로에게
미쳐있다는 것도 모르면서
나이에 태클을 걸고 있는지도 몰라

사랑에 미치지 않았더라면
하늘에 별 같은 자식이
어찌 내 몸에서 생겨났겠는가

그래
자식의 하늘 아래
나는 끝까지 남편에게 미친 아내였다

▌끝까지 그런 마음으로 살게 하소서. - 유정애(독자)
▌조금씩 익어가는 길목에서 서로를 보듬을 수 있는 마음에 감사한 또 하루가 저물어 가고… - 임미화(독자)

오래된 부부 - 혼인 서약

배냇짓처럼 신기하고
옹알이처럼 신선했던 사랑으로
태초의 하늘같은 둥지를 틀어 놓고
비가 오나 눈이 오나
한마음으로 살겠다고
혼인서약 해놓고

지천명에 이르니
비 오는 날 감성으로 혼자를 꿈꾸고
눈 오는 날 감성으로 자유를 꿈꾸는
열정적인 사랑보다
각자가 측은한 것이다

천년 고목도 지천명이라
머리로 하던 사랑이
가슴으로 하는 따뜻한 사랑으로 둥지를 트는
지천명의 혼인 서약은
측은지심이더라

▌100% 공감, 옳습니다. - 송미정(독자)
▌측은지심은 작은 사랑으로도 가능하다는 생각을 해봅니다. - 이호준(독자)

오래된 부부 - 인연

둘만의 이야기로 만났다가
둘만의 이야기만 없어지고
각자의 이야기만
숨은그림찾기처럼 쌓였건만

주고받는 말 한마디 없이도
곁에 있음과 없음의 차이가
느껴지는 사람

깊은 침묵을 깨고 흐르는
고른 숨소리로
내가 편안해지는

이제는 문득
안쓰럽고 짠한 모습까지
가슴에서 애달픈 눈물이 되는 그는
내 삶에 벅찬 인연이었어

▌아름답고 정감이 있는 글, 세월이 속절없이 이렇게 갑니다. - 박성복(독자)
▌작가님의 글을 보면서 가끔 부부의 삶에 대해 생각에 잠깁니다. - 홍향숙(시인)

오래된 부부 - 공소시효

그 사람은 그곳에 가만히 있는데
내게 감사가 될 때가 있다

그 사람의 한결같은 모습이
내게 고마움이 될 때가 있다

"고맙다"는 감사의 표현과
"미안하다"고 사과하는 마음의 공소시효는
즉시
바로 하지 않으면 끝나버리고 마는 것을

밤사이 자동차에 쌓인 첫눈을
낭만 대신 염려로 묵묵히 쓸어내리는
오래된 부부의 그림 속에서
소멸되어버린 표현의 언어들이
질펀하게 내려앉는다

▌ 말하지 않아도, 표현하지 않아도 아는 사이지만 이왕이면 생색내서 표현해주면 좋을텐데… - 김귀녀(독자)

▌ 눈처럼 녹아내리는 마음을 볼 수는 없지만 느낀다는 사실, 그것은 현실입니다. - 문주환(시조시인)

오래된 부부 - 대화

흔한 말이라도
하고 또 하다 보면
뼛속까지 파고드는가 하면

귀한 말이라서
아끼고 아끼다 보면
굳은살 되어 스며들지 않아

오래된 부부에게 대화의 울림은
서로를 잠들게도 하고
서로에게 활력이 되기도 하는 것이었어

▌그렇게 하나가 되어 가는가 봅니다. - 우승희(독자)
▌매번 좋은 글을 사색하듯 읽습니다. - 배영숙(시인)

제2부

오래된 부부·2

오래된 부부 - 껍질끼리

곡식의 껍질
과일의 껍질
가을에는 껍질이 많습니다

어느 시절
나와 남편도 껍질 안의 알곡이었건만
스스로 영글어가는 줄도 모르게
우리는 껍질이 되어 있었습니다
어느새 가을쯤 와있었습니다

껍질끼리 바스러진 부분을 토닥이며
껍질끼리 흩어진 부분을 의지하며
그냥 줄줄 흐르는 눈물에도
껍질끼리라서 알 수 있는 가슴이 되는
가을이 깊어가고 있습니다

▮ 어느 순간 보여지는 껍질이네요. 그래도 가득 찬 알곡을 감싸는 껍질이라 아름답지요. 좋은 글 감사합니다. - 신용국(독자)

▮ 흘러가는 세월이 느껴지는 좋은 글 감사합니다. - 민경춘(독자)

오래된 부부 - 비밀

형체와 모양도 없는 마음이
너무 편해서 쉽고
처음부터 지고자 하는 마음이
너무 익숙해서 만만하고

눈금도 선도 없는 자존심으로
세상에서 남편만 이기고 사는
오래된 아내

남자라는 이유로
세상에서 아내에게만 지고 사는
오래된 남편

그러함에도 불구하고
서로의 마음을
어루만질 수 있는 깊은 비밀 하나
세상의 허욕을 걸러낸 진심이었어

▌ 가정이 평화로우려면 져주는 것이 편합니다. - 한승현(독자)
▌ 우리 집 남편은 나에게만 이기고 살아요. - 이경아(독자)
▌ 나는 아내에게 져주는 남편하고 살아보고 싶네요. - 이애련(독자)

오래된 부부 - 외로움의 치유법

진솔한 이야기를 나눌
지인이 없어서 외롭다면
세상이 너무 공허하지 않겠는가

카톡을 붙잡고 수다를 즐길
친구가 없어서 고독하다면
세상이 너무 삭막하지 않겠는가

혼자는 외로워
둘이고자 결혼을 하고
결혼하면 더 외로워 자유를 갈망하며
등 돌린다면
세상이 너무 냉정하지 않겠는가

함께이면서 혼자만의 절대 자유
이것이
외로움의 절대 치유입니다.

▌둘이어도 공감할 수 없으면 외로운 것은 마찬가지, 스스로 즐겁게 살려 노력해야겠지요. - 홍영애(독자)

▌결국은 절대 자유를 보장하라는 여자들의 외침이네요. 그러지 않고는 외로움은 가시지 않는 거라는 말씀인가요? - 정형택(시인)

오래된 부부 - 한통속

한 시간 이상을
산책하고 돌아온 부부가
머리를 마주 대고 매운 눈물만 훔칠 뿐
아무 말 없이 쪽파를 다듬습니다

서로를 보듬으며 살다가도
때로는
한 둥지 안에서 서로의 영역을 달리하며
속상한 적 많아 퍽이나 다투고 살아왔건만

길게 말하지 않아도
알 수 있는 염려
깊게 표현하지 않아도
느낄 수 있는 감사
이만한 세월 한통속으로 살아온 덕분입니다

▌부부란 애틋한 세월의 정으로도 충분히 행복할 수 있겠지요. 좋은 시 잘 읽었습니다. - 조기호(시인)
▌맞아요. 함께 하기에 서로를 잘 알지요. - 김병찬(독자)
▌글 속에서 사람 사는 냄새가 물씬 나네요. - 이정훈(작가)

오래된 부부 - 포인트

말하지 않으면 무심한 남자
말만 하면
무슨 부탁을 해도 거절하지 않는 남자

어느 날 그 남자가
"뭐 먹고 싶은 거 있어?"
"뭐 갖고 싶은 거 있어?"라고 스스로 말할 때
여자는
그 순간부터 배가 부르고
세상을 다 가진 듯 행복하답니다

마음이 함부로 애틋해지는
사소한 순간마다
여자는 남자의 포인트를 적립하는데
그것도 모르는 바보 같은 남자

▌ 애틋하고 싶지 않으셨는데 애틋해진 걸까요? 왜 마음이 함부로 그랬을까요?
- 문민중(독자)
▌ 그런 건가요? 기대해 보아야겠어요. - 이한진(독자)
▌ 일정기간 지나 포인트 소멸되지는 않지요? - 이상식(독자)

오래된 부부 - 삶의 의미

전쟁처럼 큰 싸움도 아니면서
나 혼자 티격태격 시끄럽고
옛날이야기처럼 다 잊어버린 일들에
나 혼자 섭섭했다가 괘씸했다가
비로소
한 자리 한결같은 그 사람에게
늘 당했다고 생각하며 살아`온 세월

그 사람이 하룻밤 집을 비우면
그 사람 체온의 몇 배나 더 춥고
내 집인데도 낯선 아침을 맞으며
내 눈에 밟혔던
그 사람의 못마땅한 것들이
결국
내 삶의 의미였음을 고백합니다

▮ 맞아요 다 내 기준으로 보고 생각하고 그렇지요. 변하고 섭섭하다는 생각도 어쩌면 다 나 때문이지요. - 이경화(독자)

▮ 멋진 고백입니다. - 홍향숙(독자)

오래된 부부 - 종이접기

어릴 적
종이비행기를 접어
멀리멀리 날려본 추억이 있답니다

그 아이가 자라서
외롭고 쓸쓸한 여자가 되어
따뜻하고 자상한
사내를 만났답니다

그 사내의 품에
그 여자의 품을
포개고 사는 세월이 포개질수록
그 여자는 또다시
종이접기를 시작했더랍니다

희망 사항을 접고
욕심을 접고
뜬구름 같은 기대를 접고
사치스러운 외로움까지도 접다보니
어느새
육십갑자 모퉁이에 서 있더랍니다

그렇게
날려 보낼 생각조차 없이
종이접기를 완성하고
먼 하늘 바라보니
여전히 외로운 별 하나
깜박깜박 빛나고 있더랍니다

▮ 그 별이 가장 빛날 겁니다. - 조순희(독자)
▮ 여운이 느껴지며 여전히 그 별 하나가 누구의 별일지 생각해봅니다. - 최은희(독자)

오래된 부부 - 발바닥

옆으로 몸을 접고 잠든
남편의 발바닥이 문득 낯설다

몸 섞어 나란히 걸어왔지만
심장은 각자의 가슴에서 뛰었던 것처럼
각자의 삶도
각자의 발바닥으로 밟으며 살아온 까닭이리라

낮은 자리에 남긴 낭만 같은 발자국과
낮아서 젖어버린 슬픔 같은 발자국이
섞여 살아온 세월일지라도
발바닥의 역사는
결국
각자의 몫입니다

▌ 발바닥 뿐이겠습니까? 전부 그렇습니다. - 이삭식(독자)
▌ 부부 일심동체라 해도 살아가는 모습은 다른 것이 맞지요? - 황다현(독자)

오래된 부부 - 견우와 직녀

남자를 처음 알고
여자가 되었습니다.
여자가 되어 남자를 만나는 날
처음으로 화장을 했습니다.
견우와 직녀 같은 순정이었습니다

목단화 화려하게 핀 문지방을
함께 넘으며 반평생 살고 지니
맨 얼굴도 충분히 화려하여
이제는
남편을 만나면 화장을 지웁니다

하늘 위의 견우직녀가
반짝이는 순정이라면
땅 위의 부부는
무가당으로도 달콤한 목숨입니다

▌ 시가 달콤합니다. - 임찰성(독자)

▌ 매일 선물을 보내주는 멋진 시인이 계신다는 것이 행복입니다. 흥미를 몰랐던 시에 대해서 요즘 가장 먼저 아침 편지를 기다려 감탄하고 때론 힘을 얻고 위로가 됩니다. 훌륭한 시인이 곁에 계심이 감사입니다. - 김옥자(독자)

오래된 부부 - 빈자리

가끔
청소기를 돌려주고
세탁기도 돌려주고
쓰레기도 버려주고

그러나
그 사람이 없으면
내가 더 부지런히 움직이면 그뿐
크게 중요한 역할을 하고 있다고
생각하지 않았습니다

그 사람을 병실에 두고
둥지를 찾아와
내 발자국소리 나 혼자 들으며
아무리 소란을 피워보아도
아무것도 할 수가 없습니다

나는 내가
참 씩씩하다고 생각했었는데
무엇이든 잘한다고 생각했었는데
돌아보니
그 사람이 있었기에
나는 다 잘할 수 있었습니다

▌그런 것 같아요. 그래서 사람은 죽을 때까지 배운다고 하잖아요. - 조경란(독자)
▌나 혼자 견디는 것이란 부부가 아니어도… - 이애린(독자)
▌네 진심으로 최선을 다한 마음이 최고의 아름다움이겠지요. - 김상열(독자)

오래된 부부 - 황혼녘

당신을 처음 만났을 때
무엇이든 보태어
당신 마음
채워드리리라 했습니다

살다 보니 때로는
단내나던 숨소리를 지우고
귓불을 간질이던 주옥같은 언어까지도
지우고 싶은 그 미운 마음으로
내 마음 채워질 때가 있더이다

그때
흥분해서 집어던진
쿠션 떨어져 누운 자리에
느티나무처럼 곰곰이 앉아계시는 당신

참으로 무던하던 당신과
한 번쯤은 불처럼 뜨거워보리라 했던
처음이 있었기에
아름다운 황혼녘에 처음 같은 희망을 문지릅니다

▌글로 삶을 표현한다는 것은 힘든 일인데 표현이 참 예쁘고 구상이 좋군요. - 김정환(독자)

▌사람마다 삶은 이렇게 비슷하구나. 하는 생각을 합니다. 시인님처럼 표현을 못해서 그렇지. - 이애련(독자)

▌표현을 어쩌면 그렇게 잘 하시는지 웃음이 절로 나네요. 행복하세요. - 김경희(독자)

오래된 부부 - 고백

나지막한 목소리와 말끝마다 고운 언어
품행이 단정하니 함께하기에 편안하고
거친 말도 거침없이 들어 주는 남자

여자가 하는 일에
단 한 번 태클 걸어본 적 없는
순한 남자

이런 남자가 애인이었으면 참 좋겠는데
이미
반세기 가까운 세월을
남편이란 이름으로 살아버렸습니다

아무리 좋아도
너무 오랜 인연은 엇박자이기 쉬우며
너무 짧은 인연은 잊혀지기 쉬운 것을

마치
아껴먹던 알사탕 하나
사르르 녹아 없어진
안타까운 이 느낌을 고백합니다

▌무엇이든 오래라는 것에는 인내가 필요하겠지요? - 김가연(독자)
▌공감하며 빙그레 웃어봅니다. - 김명이(독자)
▌감사가 무어인지 진심으로 알고 익어가는 모습입니다. - 난명옥(독자)

제3부
내가 빛입니다

내가 빛입니다

해를 바라보고 가는 길이
하도 눈부셔 두 눈 질끈 감습니다

태양을 빛이라 하고
빛을 희망이라 말하며
그 빛을 향해 평생을 달리지만
정녕
스스로 빛이라는 사실을 아는가

세상에
빛이 아닌 만물 어디 있으랴
빛과 한 몸이면서
빛을 향해 쉼 없이 달리다가

해를 등지고 가는 길이
빛보다 따뜻하고 안온하기에
빛은 내 안에서 저물지 않음을 깨닫습니다

▌이제 알겠습니다. 내 자신에게 삶의 용기를 주는 것은 태양이 아니라 내 자신이라는 것을. - 이대발(독자)

▌나도 빛이라는 사실을 알게 해준 박 시인께 감사합니다. 더욱 더 빛나도록 노력해야지요. - 김동철(독자)

▌내가 빛이라는 생각은 꿈에도 모르고 빛을 좇아 헤매고 살았는데 나도 빛이라는 사실에 고맙네. - 문제덕(독자)

나를 사랑합니다

밖에서
속상한 마음을 너그럽게 품어다가
내 안에서는 힘이 듭니다

밖에서
미워하고 용서하는 것 같지만
내 안에서는 아픕니다

결국은
나 자신에게
가장 냉정했다는 것이지요

오늘은
이 세상에 가장 소중한 존재인 나에게
내 가슴 안에 든 사랑의 바람을
마음껏 불어넣어
꼬옥 안아주어야겠습니다

▮ 가끔은 자신을 돌아보는 시간도 가져야지요. - 이상식(독자)
▮ 나를 사랑해야 건강하답니다. - 이지윤(독자)
▮ 오늘 하루만큼이라도 내 자신을 어루만져가며 칭찬하기! - 이대발(독자)

부자가 된 사연

노랗다가 빨갛다가
말랑말랑하게 둥둥 떠 있는
감밭 속으로 한눈을 팝니다

감나무 밑에서 감꽃을 줍다가 든
감물 배인 난닝구와
풀밭에 앉았다가
하얀 교련복 엉덩이에 든 풀물,
제삿날
젯상 앞에 쪼그리고 앉아
사과 꼬투리를 기다리던
동생 모습까지

잠시 한눈을 팔았을 뿐인데
줄줄이 따라오는 가난한 추억으로
부자가 되었습니다

▌공감 두 배, 추억을 꺼낼 수 있어서 감사해요. - 박두희(독자)
▌아침에 일어나 장독 위에 떨어진 감꽃 주어서 먹기도 하고 손가락에 끼워보았던 추억이 그리워집니다. - 김영목(독자)
▌사과 꼬투리, 나도 그 추억 속으로 함께 가고 있네요. 감사합니다. - 정형택(시인)

내가 가장 잘할 수 있는 것

든든하게 어깨동무를 했다가도
살며시 풀어진 시린 팔목을
가슴에 올려야 할 때가 있습니다

눈부신 동행으로
고맙다가 행복했다가
뜻밖의 작별 인사를 건네야 할 때가 있습니다

그렇게
혼자 출발하여 혼자 떠나는 세상에
사람이 그립기에
사람인가 하면
사람이기에
외로움을 즐길 줄 알아야 한답니다

세상에 태어나
가장 잘할 수 있는 것
외로움을 즐기는 일입니다

▌외로움을 친구로 대접하는 일, 공감합니다. - 백학근(시인)
▌외로움에서 많이 자유로워졌건만 부딪히면 힘들고 버겁고 아프더이다. - 문제덕(독자)
▌혼자서도 잘 살아가는 법이 필요하더이다. - 난명옥(독자)

아우라 또는 깡

우리의 삶이
더불어 사는 듯 경쟁이며
배려하며 사는 듯
결국은
자신이 중심이 되어 사는 것입니다

남을 이겨야 할 깡으로
자신을 먼저 이겨내야 하며
남을 지배해야 할 아우라로
자신을 추슬러야만
진정한 승리의 삶이 되는 것이지요

경쟁에서 이기는 것도
불의에 젖지 않으려는 의지도
먼저 자신을 이겨내는 것

그것이 결국은
나만의 아우라
또는 깡이라는 것입니다

- 카리스마, 타인이 나를 보고 스스로 내려놓는 것 - 조남권(독자)
- 자신을 읽을 줄 알아야 이길 수도 달랠 수도 있습니다. 아우라도 깡도 모두 가지고 있는 여우님! - 문제덕(독자)

사랑은 애당초 차가운 것입니다

사랑은 애당초 차가운 것이랍니다
그 차가움이
영혼의 불쏘시개로 하여금
태양도 휘어질 만큼
뜨거운 사랑이 되는 것이랍니다

살펴가며
헤아리며
파고들어
내 몸 밖의 것을
내 영혼 이외의 것을 피우게 하여
빛나는 별이 되는 것이랍니다

그 차가움이
심장의 온도가 누운 그 품안에서
사랑은 뜨거워지는 것

냉정한 가슴으로는

감히

사랑을 넘보지 마시라

▌그래서 사랑이 식으면 오뉴월에도 서리가 내리는가 보네요. - 최수덕(독자)

▌여우님 보내주신 글을 읽는 재미 그리고 항상 감동입니다. - 이애련(독자)

다시 꿈을 꾼다

고통이나 고난은
거절하고 밀어낼수록 크고 아프더라
시련은 어깨동무하여 품을수록
가슴에서 의욕으로 고동치더라

힘들어 견딜 수 없는 현실이
또다시
나를 꿈꾸게 하니
나이 들어
이쯤이면 안주해도 좋을 때는 없더라

까닭이 있는 흔들림으로
다시 꿈을 꾼다

▌덕분에 2월의 의미를 다시 생각합니다. - 곽창남(독자)
▌맞아요. 고통은 품어야지 밀쳐낼수록 더 힘든 것 같아요. - 이애련(독자)

욕심

욕망이 충족되지 않는다고 생각하는 것
욕심이었다
욕망이 충족되었다고 생각하는 것
또한
욕심이었다

채울 때는 욕심이고
비울 때는 욕심 아닌 것이 아니라
모든 것이
욕심이었다

▌새해에는 욕심을 비우는데 더 신경을 쓸랍니다. - 문주환(시조시인)
▌참 좋은 글이네요. - 차상복(독자)

아름다운 사람을 만나면

천성이 부드럽지 못해 미안한데
분명하고 단호한 목소리가
매력이라고 말해줍니다

마음은
그지없이 여리고 말랑말랑하여
가슴에는
흥건한 눈물샘이
우물처럼 고여 있다는 것을
알고 있다고 말해줍니다

아름다운 사람을 만나면
그는 내 안에 들어와
나를 아름다운 사람으로
만들어줍니다

▌ 차갑고 강단 있어 보이는 그녀의 눈에는 옹달샘이 있습니다. 그런 그녀를 떠올릴 때마다 미소가 지어집니다. - 최은희(독자)
▌ 단호함 속에 묻어나는 따뜻하고 여린 마음의 감성으로 아름다운 작품이 끊임없이 탄생함에 박수를 보냅니다. - 김나현(독자)

시인이라 적어둔다

남의 햇빛과 바람을 끌어다가
내 가슴에 가득 채우고
남의 기쁨과 슬픔까지도 끌어다가
내 심장을 뛰게 하였다.

바람만 모여 있는 겨울 응달에
붉은 베고니아를 눈에 담아
내 인생인양 황홀해하고
울고 있는 새소리 노래한다고 썼으며
웃고 있는 새소리 울고 있다고 썼다

그리고
내 명함에 시인이라 적어둔다

▌시인이야말로 진정한 연금술사요 조각가라 생각합니다. - 윤재혁(독자)
▌제 명함에는 '시인을 좋아하는 이'라고 적고 싶습니다. - 김귀녀(독자)

나를 위하여

그대를 사랑하는 것은
사랑하는 마음으로
내가 행복하기 때문입니다

그대를 미워할 수 없는 것은
미워하는 마음으로
내가 불편하기 때문입니다

역사가 후대에 평가된다면
사람은 뒷모습에서 평가되는 것

그대에게 남겨질 내 뒷모습까지도
나를 위하여
그대를 위하는 것입니다

▌ 진정한 아름다움은 뒷모습이며 탄생보다 죽음이 더 아름다워야겠지요? - 이호준(독자)

▌ 미워할 수 없는 것은 내 마음이 불편함, 완전 공감입니다. - 최은희(독자)

술래가 되지 않을래

자기 과시의 시대에
나지막이 내 삶을 숨겨놓고
들여다볼수록 노닥거리고 싶은
아름다운 이야기 하나

어찌할 바 모르는 기쁨과
감당할 수 없는 슬픔을 품었다가
시로 웃고
시로 울음 울 수 있는
삶의 노래 한가락

만약에
시로 노래하지 않았다하여
비밀이 되지 않는다면
얼마나 누추하고 초라할 것인가

끝까지
내가 내 인생의 술래가 되지 않을래

■ 늘 술래로 살았다는 피해의식, 지금이라도 중심을 세우고 술래 아닌 주인공으로 살고 싶다. - 최종원(독자)

■ 글 쓰시는 재주가 너무 부럽습니다. - 이애련(독자)

내 가슴은 내 품에 있다

사과 씨만큼 작은 일상이
순탄치 못하여
가슴이 찢어질 듯 아플 때가 있다

이럴 때
아파도 괜찮은 척
속상해도 쿨한 척 할 필요는 없다

별꽃 한 송이를 보고도
그 정갈함에
파르르 떨리던 가슴이 내 품 안에 있으니

조금은 아파도
괜찮지 않아도
순수함을 동반한 내 가슴이
얼마나 소중한가

▮ 희망의 씨앗, 행복하십시오. - 조부기(독자)
▮ 나이가 들어도 순수함을 느끼는 가슴은 변함 없는 것 같아요. - 이애련(독자)

주관적인 눈물

거르고 걸러서 말 한마디 뱉어 놓고
듣는 이에게 혹여 상처가 되지 않았을까
밤새 뒤척이며 잠 못 이루는
여리디 여린 마음 한쪽

상대방은 하고 싶은 말 다해놓고
돌아서서 잊어버렸는데
고집처럼 혼자서 쫄고 있는
순하디 순한 치명적인 순수

주관적인 눈물이란
이렇게
나조차 싫어지는
바보 같은 나 때문에 흐르는 눈물입니다

▌ 좋은 말과 바르게 사는 삶이라야 눈물 흘려도 보람이 있습니다. - 이승진(독자)
▌ 작가님께서 너무 정직하고 고와서 그래요. 여우님답게 힘차게 사시기를 바랍니다. - 위주환(독자)

너그러운 침묵

어른이어서 양보하고 어리니까 참고
남을 위해 배려하고 이웃을 사랑하고
그리고
자기사랑은 이기적이고 버릇없다는
미묘한 가르침이
아직도 무겁고 어렵습니다

남의 안부를 물었으면
나도 안녕한지
스스로 배려하고 살펴보는 것
남을 위로했다면
참아온 나는 괜찮은지
스스로 위로할 줄 아는 것은
내가 나를 바라보는
가장 너그러운 침묵입니다

침묵은
무작정 낮추는 것이 아니라
스스로 내가 주인이 되어
낮은 꽃을 살피듯
내가 나를 사랑하는 일입니다

■ 가끔 침묵하다 보면 새로운 것이 보입니다. 7월도 너그러운 마음으로 보듬어 보내기로 해요. - 김나현(독자)

■ 여우님 자신을 스스로 사랑하는 표현을 아름다운 시로 깨닫게 해주시네요. - 위주환(독자)

■ 웅변은 은이요 침묵은 금이라지요? - 오세향(독자)

제4부

내가 희망입니다

끈의 존재

속내를 감추고
서로가 제각각인 듯 살다가도
밀었다가 당겼다가 풀었다가
소통에 이르기까지
분명 우리는
둥글게 이어진 끈의 존재입니다

실끈에서 밧줄로 이어지는 끈이거나
씨앗부터 끈으로 생겨난 가족이거나
인연의 끈에 이르기까지
분명 우리는
우주와 이어진 끈의 존재입니다

새벽부터 비가 내립니다
하늘과 땅의 끈이 보이는 것입니다
우산을 쓰고
그 끈의 틈에 내가 끼어 들어갑니다

자연의 끈과 이어지는 내 몸이

함께 촉촉해집니다

■ 그러고 보니 모든 인연이 끈이었네요. - 오세향(독자)

■ 서로 작용하고 의지하며 살아가는 것, 즉 시인님이 표현해놓은 인연의 연속이겠지요. - 윤준(독자)

취중 뚝심

혼자가 아닌데
혼자서 술을 마시고
열린 물길로 가슴을 퍼내고
끝내는
물처럼 쏟아진 내 가슴
밤새 내가 훔쳐 담으며

마른 갈증이라면
꿀꺽 삼키고
젖은 외로움이라면
목젖 살짝 흔들어 넘겨야 하는 것을

가슴의 길은
가장 평화로울 때
아무도 모르게
졸졸졸 흐르게 하는 것을

다치기 쉬운 내 마음

취중 뚝심이 무색하다

▌ 임팩트 있게 사는 멋진 여성을 발견해 곁에 두었으니 마음이 흐뭇합니다.
- 윤준(독자)

▌ 취중 뚝심! 재밌습니다. - 이애련(독자)

▌ 내 마음 나도 모르는데 취중에라도 에둘러서 말하는 여우님의 마음 조금은 이해합니다. - 이호준(독자)

앞자리 숫자가 바뀐다는 것

채워지면
자연스레 뒷자리로
물러나주는가 하면

높아지면
자연스레 앞자리를
책임 있게 리더해가는 것

내 나이
사랑스러운 그 숫자
0부터 시작하여
앞자리 숫자 6이 되어가는 세모에

정직한 숫자만큼
살짝 기울어진 마음으로
앞자리 숫자만큼
고요해지는 가슴으로
맞이하겠어

▌ 세로이 맞이하는 숫자 6을 흔쾌히 맞이하여 세월의 깊이만큼 시인님의 삶을 응원합니다. - 최계자(독자)

▌ 축하합니다. 6자에 진입을, 희망 가득한 6자의 시작을 응원합니다. - 정형택(시인)

나에게 경고합니다

가끔 고독하고
하던 일조차 풀리지 않을 때
어머니로만 살면서
자식이 걱정될 때
나약함만 남아
삶이 권태로워질 때

고요하고 습도 높은 자리에서
깊은 잠을 자겠습니다

그곳에서
곰팡이 꽃을 피워
건조한 일상이라도 감사임을
스스로에게 경고하겠습니다

■ 저의 일상이 요즘 다운되어 있었던 차인데 위로가 됩니다. - 최은희(독자)
■ 나보다는 항상 자식이 먼저라며 불평불만 했는데 이 글을 통해 감사함을 느끼네요.

내가 희망입니다

걸음마를 시작해서
반세기를 걸어 놓고도
작은 돌멩이에 걸려
넘어질 때가 있는가 하면

"엄마"라는 말로 시작해서
육십갑자 모퉁이까지 말을 하면서도
바람처럼 가벼운 말 한마디에
내가 무너질 때가 있더이다

사람에게 다치고
사람 때문에 무너지는 순간에는
넘어질 뻔했던 돌멩이를 밟고
산을 넘어야 할
내가 희망이라는 것입니다

▌좋은 사람 만나려면 내가 먼저 좋은 사람이 되어야지요. - 이희길(독자)
▌그것이 인생입니다. 좋은 글 감사요. - 조윤호(독자)

아름다운 뒷모습

그 사람의 아름다움을
그 사람이 볼 수 없는
그 뒷모습이 있습니다

따뜻한 가슴으로 품어
아린 가슴으로 용서하고
훌훌 털린 단출한 모습으로 돌아서는
그 뒷모습은
그지없이 아름답습니다

자신의 삶이라도 알뜰히 살아
뒤에서 바라보는 이의 거울이 되는
그 아름다움은
나만 볼 수 없는
등불 같은 것입니다

▌내 뒷모습은 어떨까? 문득 나를 아는 모든 분들은 나를 어떤 모습으로 보고 있을까 진즉에 알았더라면 더 많은 사랑을 나눌 것을… - 이대발(독자)

▌누구나 등 돌려 가는 이는 쓸쓸하더이다. - 정수기(독자)

소중한 나를 위하여

날마다
사우나의 첫 물에 몸 담그려
새벽을 여는 것을 중독이라 합니다만

화장을 지우면
자글자글한
내 얼굴에 그어진 주름이
나도 싫은데

큰 병도 아니면서
시로 사로 동네 의원 찾는
나 자신이 나도 싫은데

힘들 때
외로울 때
혹은
괴로울 때
내 속마음 보이고 싶은 사람은
아무도 없습니다

그러니
따뜻한 물에
내 발바닥을 닦는 정성으로
소중한 나를 잊지 않기로 합니다

▌ 소중한 나를 잊지 않는다면 힘들고 어려움도 무슨 일이든 잘 될 듯싶습니다.
- 김영목(독자)

▌ 우리들의 사우나 법 보통 남자들은 이해 못하지요. - 이애련(독자)

▌ 자신 사랑법 좋은 생각입니다. - 오성수(시인)

장담할 수 있는 일이란

나보다 먼저 태어나
오직 한 곳에 서서
봄이면 보랏빛 꽃을 피웠고
가을이면
멀구슬 주렁주렁 매달고도
꽃 같은 단풍으로 피어 있는
멀구슬나무의 역사도 아는데

내가 살아온
내 역사는 모르겠습니다
울만큼 울었는데
아직도 눈물이 필요하여
인공눈물을 넣어야 하고
볼만큼 보고 살았는데
세상에 처음 보는 일이 많습니다

어쩌면
스스로 기록하는 내 자서전에
오직 장담할 수 있는 일이란
끝까지 두 손 모으는
감사의 기도뿐일 것 같습니다

▌ 내가 살아온 과거를 알고 울만큼 울었다면 세상을 바로 살았다는 것일 겁니다. - 조윤호(독자)

▌ 저도 아무리 살아도 장담할 수 있는 일이 없어요. - 권혁민(독자)

▌ 진한 가을을 보내고 있습니다. 모든 것이 다 덕분입니다. 감사합니다. - 백수경(독자)

산타클로스가 되고 싶습니다

바쁠 때 쉼이 되거니와
초조할 때 안정이 되고
여유로울 때 기쁨이 되었던 돈이건만
하나씩 하나씩
돈이 필요 없는 자리가 생깁니다

힘들었던 아이들의
교육비 빈자리
줄어든 가족 부식비의 빈자리
세면장에 칫솔 두 개
신발장에 두 사람의 신발뿐
이곳저곳
돈이 필요 없는 자리가 생깁니다

스스로 절박한 자리를 요구하다가
스스로 빈자리를 내어준
그 돈 때문에
나는 뜻밖의 부자가 되었습니다

다만
욕심을 부리자면
오늘 같은 날은
산타클로스가 되고 싶습니다

▌누구에게나 하나의 안타까움은 있겠지만, 가슴에 묻고 미소로 살아갈 뿐이지요. - 김정심(독자)

▌돈이라는 업보를 걷어내기 쉽지 않을 텐데 나름 깨달음이 있으신 듯 - 서권호(독자)

▌나누며 사는 삶, 그래서 행복한 날들 만드시길… - 장상국(독자)

꽃보다 깊은 숲이 되겠어

뚝심처럼 견고했던 고목도
한 철 꽃 피워 낸 까닭으로
저토록 흐느적거리는데

아득한 밭고랑에 유채꽃
저토록 휘청거리는데
가슴까지 후벼서 씨 뿌려놓은 사월에
내 마음인들 어찌 고요할 수 있겠던가

강산을 덮은 꽃 무더기 속에서
흔들릴 만큼 흔들렸다가
내 가슴에 속잎 돋거든
준비된 바람으로
꽃보다 깊은 숲이 되겠어

▌그 숲이 그리울 때 유채꽃 한 무더기 싸메고 준비된 바람 속 그 숲으로 가고 싶어라. - 문제덕(독자)

▌〈꽃 보다 깊은 숲이 되겠어〉 좋은 글 감사합니다. - 박옥현(독자)

순결한 시 한 줄

비포장도로 같은 언어가
가슴에 차 있고
염색하다 얼룩진 무늬가
눈물처럼 가득하여

신내림을 받지 않으면
까닭 없이 아프듯이
글을 쓰지 않으면
죽을 듯이 목마른 다급함에

늘 처음처럼
늘 처녀의 알몸처럼
부끄러움만 매만지고 있습니다

▌ 선생님께서 보내주신 글을 읽고 늘 마음에 새깁니다. 감사합니다. 그리고 응원합니다. - 김석(독자)

▌ 그 많은 작품을 써 내는 그대가 존경스럽습니다. 어쩌면 그대 가슴에는 명경처럼 맑은 물만 고여 있음이 아닌가 싶습니다. 모든 글이 명작입니다. - 문인호(시인)

▌ 역시 작가님의 표현에는 애정이 듬뿍입니다. - 한승현(독자)

시인의 고백

슬프고 가난했던 기억을
다시
슬프고 가난하기 위하여
더듬는 일은 없습니다

뼛속까지 아프기만 했던 가난을
주섬주섬 들춰서 들여다보는 까닭은
눈물이 묻어 있고
외로움까지 묻어 있는
시 한 줄을 싹틔운
옥토이기 때문이었습니다

그 옥토에서
가난도 달달했었다던 푸념은
다 거짓말이었습니다

▌ 아무리 들어도 과하지 않은 푸념이었습니다. 내 마음 송두리째 주고 싶은 말씀입니다. - 임미화(독자)

▌ 작품을 읽으며 옛 추억을 회상할 수 있는 시간을 늘 허락해주심에 감사합니다. - 이경윤(독자)

나는 귀한 선물입니다

잠자리를 털고 일어난
무방비 상태인 나를
거울을 통해 들여다봅니다

문득
나 보다 더 나은 사람을 보며
질투를 느끼고
곁눈질을 하며
나는 나라는 중요한 사실을 잊은 적이
나도 모르게 많았으리라
나조차 내 편이 아닌 적 많았으리라

부부의 사랑에 공삭음이 필요하다면
친구의 우정에 믿음이 필요하다면
내가 나를 사랑하는 선한 마음
귀한 선물처럼 지극히 살아야 할 일입니다

▌글이 너무 깊고 세련되어 좋습니다. - 현희정(독자)

▌선생님의 육감어린 표현이 다시금 잠들었던 내면의 소리를 듣게 합니다. 웅어리졌던 속내를 풀어헤쳐 마침내 통쾌함까지 느껴봅니다. 늘 받기만 하여 염치없고 죄송하면서 이내 또 내일 한 편의 글을 기다립니다. - 송미정(독자)

시(詩)밖에 없네

받아야 주는 사람
준만큼 받길 원하는 사람
주기만 하여도 행복한 사람
받기만 해도 늘 억울한 사람

그런 사람 사람들 속에
내가 줄 수 있는 것은
시(詩)밖에 없네

무릎을 탁 칠만한 공감과
시를 화두 삼아
하염없이 빠져들 황홀함으로
영구히 소비할 수 있는 생명

주기만 하여도 행복한
내가 줄 수 있는 것은
시(詩)밖에 없네

▌모든 시인들의 로망입니다. 오늘도 박 시인님의 담백한 고운 시를 읽으며 하루를 열어갑니다. - 김남현(시인)

▌역시 시밖에 없네요. 받는 것에만 길들여진 삭막한 세상에 베풀 줄 아는 미덕을 배우고 있어서 감사드립니다. - 이학구(독자)

▌값으로 셈 할 수 없는 것을 받기만 하여 오감이 살아나는 나날입니다. - 김귀녀(독자)

생선에게 먹히다

조기, 병어 나란히 눕혀놓고
그 살점 발라 고봉 쌀밥 한 그릇
맛나게 먹었을 뿐인데
속은 답답하고 통증과 더불어
흰죽 한 숟가락도 넘길 수 없는 까닭이

비로소
그들의 가시는 내 속 살점에 붙어
빼도 박도 못할 지경에
정신까지 혼미해지더이다

생선 한 토막도
생각 없이 급하게 삼키니
결국은
생선이 나를 먹습디다

▌재미나게 묘사했네요. - 조정분(독자)
▌천천히 잡수고 체기 있을 때는 손 따요. - 차영수(독자)

풍경을 만드는 소리

생선들이 나란히 누워있는 어물전의
호객하는 소리와
약속 없이도 만난 이웃끼리
가식 없는 걸쭉한 대화가
오일장 장터의 풍경을 만들어내는
우리 살아가는 진솔한 소리입니다

길지 않은 복도 위에
따박따박 선생님의 슬리퍼 소리와
재잘거리는 아이들 떠드는 소리가
초등학교의 풍경을 만들어내는
애틋하고 아름다운 소리입니다

내 안에서
내가 내는 소리로
나의 풍경이 된다면
바람 한 점 지나는 소리만큼
맑고 고요했으면 참 좋겠습니다

▮ 소리, 시인님께서 보내주신 평화로운 소리 이제 깨닫는 순간입니다. 시선으로 들어오는 창밖 나뭇잎 산들산들 움직이는 아름다운 소리도 전합니다. - 김종숙(독자)

▮ 작품을 읽고 있노라면 어릴 적 동무생각도 나고 잠시 나의 내면의 날 생각해 봅니다. 늘 감성에 젖은 고운 글 감사합니다. - 김순희(독자)

가슴까지 찍어보기

혼자서 폰을 들여다보며
내 얼굴을 찍습니다
지나는 길에 풍경을 찍고
날마다 먹는 밥을 찍고
사진작가가 아니라도
사진 찍는 일에 익숙합니다

이럴 때
꽃 한 송이 보면서 환해지거나
좋아하는 사람을 그리며 설레는
지금의 내 가슴
카메라에 담아 놓을 수 있다면
참 좋겠습니다

지금 흐르는 세월
찰칵 찍어서 멈추게 할 수는 없겠지요

▌나이를 먹을수록 생각이 고와지는 것은 아름다운 추억 때문이겠지요. - 김영천(시인)
▌어쩌면 그렇게도 예쁜 생각을, 흐르는 세월을 찍어 멈출 수 있는 생각을, 좋습니다. - 이대발(독자)
▌세월도 찍어서 멈추게 할 수 있다면. - 최향만(독자)

제5부
우주의 자본

2월이 오려나 보다

얼다 녹다 다시 얼어야
단맛도 풍성할 것인디
달달한 바람에
봄동은 싱겁게 무성하고
산비탈에 쌓인 눈 한 줌 없이
2월이 오려나 보다

숭숭한 내 가슴
산수유 실눈에 들키면 어쩔거나
매화 벙글어 눈치 없이
내 마음에 파고들면 어쩔거나

밤사이 다녀간 겨울비가
봄비처럼 슬며시
가슴 한 자락 흔들고 지나간다

▮ 가슴에 와 닿네요. 글솜씨 최고에요. - 이애련(독자)
▮ 멋진 글 감상 잘 하고 있습니다. - 김종명(독자)
▮ 같은 말 같은 언어를 사용해도 시인의 감성이 들어가면 한 줄 한 줄 글귀가 사람마음을 흔듭니다. - 이호준(독자)

2월의 비

나무는 나무대로
풀은 풀대로 서 있던
긴 겨울의 기억을 지우고
훈김 도는 2월의 비에
바람과 구름이 하나 되었어

얼었다가 녹았다가
다시 얼었다가
다부진 종아리처럼 탱탱한
2월의 봄동 밭머리에
젖무덤처럼 말랑말랑한 씨앗 주머니
톡 터질지도 몰라

▮ 이제 겨울도 한 풀 꺾인 것 같네요. 벌써 홍매화가 피었어요. - 이애련(독자)

2월의 소리

가장 작은 몸집으로 응달에 앉아
꼼지락꼼지락 허물을 벗는
그대는
애잔한 사랑입니다

바람의 몸에 봄기운을 매달아
아주 작은 문틈 사이로
예비하고 잉태하여
봄 길을 열어젖힐 맥박소리

2월 그대는
쩡그렁
모질도록 추웠던 겨울까지 녹여
꿈틀꿈틀 몸 푸는 소리로 오는
조용한 희망입니다

▮ 표현을 너무 잘하셔 - 이애련(독자)

2월의 색깔

2월의 색깔은 깊고 깊어서
알게 모르게 몸을 일으키는
핏빛 혈관
시치미 뚝 떼고 피는 홍매
마른 잎 들썩이며
살을 트고 나오는
연둣빛 새순도 깊어라

계절이 포개진 자리
입춘 이야기는
담벼락 갈라진 틈새까지 드나드는데
깊은 목젖에서 피어오르는
아지랑이가 무색하다

2월의 향기

한겨울 품었다가
싹이 트면서 흐르는 2월의 향기는
아지랑이 일렁이며 피듯이
만발하지 않아도 좋으리

보리 순과
냉이의 향기가 그러하며
양지바른 논두렁의
마른풀 섶 향이 그러하네

바람에 묻어오고
소리에 묻어와서
가슴 벅차게 하는
2월의 푸른 냄새
아! 그 생명의 향기여

▌2월은 작품에서도 생명이 움트네요. - 김귀녀(독자)

2월의 노래

날카로운 바람만 품은
아직 끝나지 않은 겨울 곁에
오롯이 씨앗만 품은
잔기침 같은 햇살이 가슴에 가득한데
구태여 요란하지 않게
홍매가 벙글었다는 기별이 왔다

생명이
얼마나 깊은 것인지
얼마나 고요한 것인지
내세우지 않아도 감동하는 리듬
2월은 소리로 노래하지 않는다

▮ 2월의 시리즈 - 좋으네요. 계속 기대합니다. - 최은희(독자)

2월의 바람

2월의 댓바람이
지금 들판을 건너가고 있습니다
눈바람 맞아본 사람이
바람 한 점 품고
2월처럼 의연합니다

까닭 없는 바람 없으리라
바람이 분다는 것은
지금 머무는 곳이 세상이며
헤쳐나갈 여유가 있다는 것이기에

가라앉거나 일으켜 세우거나
바람처럼 묵묵히
바람과 함께 서 있기로 합니다
바람처럼 자유로워질 때까지

▌가슴에 너무 와 닿네요. 멋지십니다. 이런 표현을 할 수 있으시다니… - 이애련(독자)

2월의 낱말 지명수배 중

봄빛이라 해놓고
귓불이 멍하도록 부는 바람은 무엇이며

입춘이라 대문 활짝 열어두니
그리움처럼 적시는 진눈깨비는 무엇이던가

만발한 홍매 가슴에 절개처럼 흐르는
처연한 햇살 한 줌

하염없이 기다리게 하는
2월의 낱말들을 지명수배합니다

■ 작가님, 몸은 음식에서 힘을 얻고 마음은 생각에서 힘을 얻는다지요? 좋은 글로 맘을 정화시키고 생각을 키워 마음에 에너지를 충전할 수 있는 글, 항상 감사합니다. 멋진 노년을 꿈꾸며 가는 길에 에너지가 됩니다. - 박응선(독자)

2월의 생명

겨우내 포개고 드러누운 나뭇잎 아래서
복수초가 피어 있고
여린 풀잎들이 맨몸으로 살랑거린다

오뉴월 애까심으로 마당을 누비던 잡초가
가을쯤 바싹 말라 톡 부러지던 그 잡초가
밑동에서 한겨울을 견디다가
2월의 바람보다 먼저 일렁인다

봄이 따뜻하고 환한 까닭은
생명이
이토록 어둡고 깊은 땅에서
하늘이 품은 별처럼 발아하기 때문이다

▮ 세상을 아름답게 보는 마음의 눈이 부럽네요. 나는 잡초가 벌써 나왔다고 성가셔했는데… - 곽창남(독자)
▮ 여전히 시가 곱습니다. - 최종원(독자)

2월의 약속

봄
그이 오신다는 기별에
가슴 쿵쿵거리며 기다리다가
올 듯 말 듯 미적지근함에
늦을 수도 있겠거니

지금
눈보라는 2월을 벗어나기 위하여
미친 듯이 내달리고 있으니

분명
내가 가지 않아도 자박자박 오는 봄
연둣빛 새싹도 떠들어보고
붉은빛 홍매도 들여다보고
기다리자

애당초 길어야 기다림이란다

▌내일이 우수인데 봄은 봄이네요. 눈이 와도 겨울처럼 춥지는 않네요. - 이애련(독자)

▌마음에 쏙 들어오는 글 정겹습니다. 벅찬 새해 맞으시길… - 현문석(독자)

사랑하고 싶은 2월

시치미 뚝 떼고 눈 내리는 2월이
겨울인양 분주하고
발그레 눈 녹이는 2월의 햇살이
봄인양 분주하다

겨울이 아직 길게 남아있든지
봄이 벌써 저만치 오고 있든지
허술한 듯 모자라고
부족한 듯 채워진
가장 수줍고 설레는 것이 2월이란다

아이야
핑곗김에
서툰 희망을 허락하듯
우리
사랑하지 않을래?

▌고백은 아이들이 하는 거래요. 유혹은 어른들이 하는 거래요. 멋진 글입니다. - 김영배(독자)

▌아이야 우리 설렘으로 버들강아지 춤출 때를 기다려 보자꾸나 이월이여 - 이의자(독자)

▌작가님의 글을 보니 봄나들이 가고 싶어집니다. 통통통 움틀 움틀 -최은희(독자)

오월에는

하늘에 뜬 구름이
샛강에 얼굴을 묻어
고요한 가락이 되고

눈부시게 총총히 박힌 별빛
산도랑에 내려앉아
정다운 리듬이 되는가 하면

이는 바람에 흔들리는 산자락
호수에 담겨
그지없이 아름다우니

품어서 넉넉하지 않은 것
어디 있으랴

▌향기 가득한 꽃송이들을 서로에게 전하기로 해요. - 곽성구(독자)
▌오월은 푸르고 아름다운 꽃들의 합창이지요. 시인님께서도 이쁜 꽃님과 같이 활짝 핀 오월되세요. - 이대발(독자)

유월의 품

초록의 품에서
빨간 장미가 피었고
보랏빛 등꽃이 피었는가 하면
크림색 아카시아가 만발했던
유월의 품

귀가 아니라도 들리는
비둘기 울음이거나
말이 아니라도 알 수 있는
밤꽃 향기 무시로 흩어지던 그날
눈썹 아래서도 편안했던
유월의 품

햇살도 초록
달빛도 초록이어서
풀잎에 맺힌 이슬방울에서도
초록의 하늘을 볼 수 있었던
유월의 품을 노래한다

▌영원히 오지 않을 날이라서 아쉽지만 다가오는 날이 있어 다행입니다. - 이상식(독자)
▌반환점, 반 토막이 벌써, 방울토마토가 얼굴 붉히며 시집가고 싶어합니다.
- 백학근(시인)

7월이 넉넉한 까닭은

비 그친 뒤
솔방울 위에 캡슐로 앉아있는
물 뭉치를 보기만 해도
솔의 은은한 향기가 가슴까지 가득해집니다

동생을 낳아 산후조리하시던
작은 방을 생각만 해도
어머니의 젖 냄새가 퐁퐁 납니다

7월에는
아침 밥상에 열무김치만 보아도
문득 멀리 있는 가족들이 그립고
치자꽃만 보아도
좋은 사람의 향기가 떠오르며
작은 호숫가를 지나도
폭이 넓은 친구가 보고 싶어지는

7월이 넉넉한 까닭입니다

■ 치자나무 하나 사러 가야겠다. - 전성신(독자)
■ 아련한 추억 넘어 골방에 채취가 느껴지는 멋진 글 가슴에 담아갑니다. - 한성전(독자)
■ 아련히 생각나는 정겹던 시절이 그립습니다. 잘 보고 갑니다. - 김종필(독자)

8월에는

8월에는
봉숭아 꽃잎에 백반을 넣고
돌 위에 콩콩 찧어
손톱 위에 올리는 정성처럼
순한 소녀이고 싶습니다

시시한 동네 한 바퀴
익숙한 풍경이라도
담 너머 이웃집도
살짝살짝 넘어다보며 헤실거리는
여유로운 여자이고 싶습니다

도도한 태양이거나
비바람을 품고도 평정하고 의연하여
올려다보아도
입 안에 머금어도 편안한
하늘 하늘 하늘
8월에는

감히

하늘이고 싶습니다

■ 8월 하늘! 주셔도 안 받을랍니다. 너무 뜨겁고 힘 빠져서 가져갈 수가 없네요. - 이상식(독자)

■ 봉숭아 꽃잎 따서 백반 넣어 찧어 무더운 밤하늘 쳐다보며 별세며 손톱에 봉숭아 올려 아주까리 잎으로 덮고 잠듯하다 어디론가 빠져서 하얗게 된 것과 잘 들여진 손톱 자꾸만 들여다보던 기억이 납니다. - 김옥자(독자)

9월 햇살 9월 달빛

폭우로 씻겨가고
태풍으로 흔들어 놓은 들녘에서
아심찬한 풍요를 담아다가
마당 가득 말리는
등 굽은 농부 좀 보시게나

말릴 것도 없는 빈 뜰에
여문 생각을 낙서하여
빈 가슴까지 꺼내서 말려놓고
갈무리하는 시인 좀 보시게나

9월에는
노리개처럼 쏟아져서
멜 없이 놀고 있는 햇살도 아깝더라
쓸쓸하고도 고요한 밤
홀로 뛰노는
달빛 한 줌도 아깝더라

▌가을밤 수놓은 별빛도 마음에 따라 달라질 수 있다는 거 - 이영애(독자)
▌9월, 보석 같은 달무리가 쏟아져도 좋겠습니다. 아름다운 글 고맙습니다. - 안윤채(독자)
▌월출산 여우님! 가을 여인 되어가네요. - 이한진(독자)

11월은

11월은
쌀쌀한 바람 한 점까지
가슴을 좁히고 어깨를 포갤 수 있어
이것을 풍요라 하겠어

겨드랑이까지 차고도 넘쳤던
햇볕이며 바람이며
수없이 머물다간 눈빛들이
아직 선연해

검불 하나 없는
빈 들녘으로 누워도 좋겠어
구름 한 점 없는
빈 하늘로 떠 있어도 좋겠어

비워둔 가슴에
시 한 줄 불태워도 좋겠어

- 좋은 글 읽고 갑니다. 행복하소서! - 이지숙(독자)
- 그려 이렇게 가을을 좀 데리고 놀고 싶습니다. - 김순심(독자)
- 멋진 글입니다. 덕분에 풍요의 새로움을 알았습니다. - 김영목(독자)

우주의 자본

살아 펄펄 뛰면서
각자의 소임을 다하고
다시 기다림의 시간
정지해있는 것 같지만
깊고 깊은 것이다

흐드러지도록
꽃피고 맺었다가
모든 것을 내려놓는 시간
가난인 것 같지만
홀가분한 자유로움이다

소리까지 지우면서
소금 같은 눈이 내려 땅이 쩡쩡 얼고
꼿꼿하게 선 서릿발과 찬바람이
냉정한 것 같지만
자연의 순리를 품은 가장 진실한 계절

겨울은

우주의 자본이다

▮ 긴 시간 좋은 글 감사합니다. - 김영정(독자)

▮ 맘만 굴뚝 같은데 꿀떡 같이 써 내려가는 솜씨가 부럽습니다. 대리만족입니다. - 유화정(독자)

▮ 시가 된 삶, 삶이 된 시, 늘 감사한 마음 비워진 마음 판에 시로 채워봅니다. - 김귀녀(독자)

제6부

품이 되거나
아픔이 되거나

품이 되거나 아픔이 되거나

사소한 일에
바윗돌만큼 무거운 언어로
가슴에 상처가 되는가 하면

큰일에
깃털 같은 부드러운 언어로
마음에 치유와 위로가 됩니다

세상에 일어나는 일들이
크고 작음이 아니라
사람이 사람에게 주는 말 한마디가
품이 되거나
아픔이 되는 것입니다

▌예쁜 말 한마디가 육체뿐만 아니라 정신까지 치유된다는 것이지요. - 이호준(독자)
▌영원한 친구도 영원한 적도 없습니다. 다만 최선을 다할 뿐입니다. - 천영필(시인)
▌말 한마디에 기쁨과 행복이 있으며 슬픔과 좌절이 있습니다. - 한승현(독자)

침묵이 좋다

세상은
내가 아는 만큼 모두가 알고 있다
모두가 알고 있는 세상을
내가
말로 다 하려는 것은 구차한 일이다

이렇다, 라고 주장하지 않고
왜냐고 따지지 않고
포도주가 익어가듯
말하지 않고 침묵하는 용기는
대단한 것이다

알고 있다는 것만으로도
충분한 세상
가장 편안하고 지혜로운 것은 침묵이다

■ 변명보다는 침묵으로 마음 다스림, 오늘도 마음 챙김으로 평강을 받아드립니다. - 최은희(독자)

■ 강요된 침묵은 마스크에 머물고 우러나는 침묵은 마음이 머금고 있네요. - 최종원(독자)

말로써 다 말하지 않아도 되는 까닭은

사람이 마주 보고 있으면
마음 또한 서로 건너다보고 있어서
몸이 마음을 따라가지 못하면
마음은 몸보다 먼저 아픈 것이기에
말로써 다 말하지 않아도 되는 것이랍니다

맑은 물을 들여다보고 있으면
메아리처럼 내 모습이 보이듯이
누구나 마음에 맑은 공터 하나쯤 비어있어서
마음은 몸보다 먼저 알게 되는 것이기에
말로써 다 말하지 않아도 되는 것이랍니다

▌마음의 공터가 너무 커서 겁나 춥습니다. - 김현숙(아동문학가)
▌정말 그러네요. - 임미화(독자)
▌글을 쓰는 일이 참 수고로운 일인데 멋진 글 감사드려요. - 곽창남(독자)

내가 뱉고 내가 실망스러울 때

말랑말랑하게 유혹하는 말과
달달하게 둘러 붙이는 남의 말에
내 마음이 요동칠 때가 있다

말이 많음은
그 자체로도 경솔함이라는 것을
뻔히 알면서
귀로 들어온 말을 입으로 뱉을 때
생각이 필요함을
생각하지 못할 때가 많다

어디 그뿐이랴
귀로 듣고 입술 열어 뱉는 것까지도
마음이 어수선할 때
내가 뱉고도 내가 실망스러운 말을
얼마나 많이 하고 사는가

▌글에서 많은 생각을 하게 하네요. - 이옥경(독자)
▌말 않고 살 수 없는 일이기에 혼자 가리라 하면서도 욕망과 욕심을 내려놓지 못하니 죽음에 이르기까지 마음대로 될 수 있을까요? - 이호준(독자)
▌말하기 전에 3초만 생각하면 실수가 없다는데 나도 실천이 잘 안 되네요. - 김홍숙(독자)

침묵의 훈련 중

음식을 먹다가
순간의 어긋남으로 혀를 깨물었습니다

좁쌀만한 상처 하나로
음식을 입에 넣을 수 없을 만큼
통증과 함께 말까지 어둔합니다

알몸으로 누워있다가도
입술의 대문을 나설 때면
화火가 되었다가
꽃이 되었다가
청렴결백하게 옥석을 가리던
말의 근원이었건만

내가
내 혀를 씹는 줄도 몰랐던 것처럼
내가
내 혀를 얼마나 함부로 사용하는지조차
몰랐던 때가 참 많았으리라

나는 지금
침묵의 훈련 중

▌ 좋은 글 감사합니다. 새겨두겠습니다. - 강영애(독자)
▌ 고통을 아름다움으로 승화시키는 중이군요. - 북극성(독자)
▌ 저는 "침묵은 창작의 양념 소스다"에서 "훈련"이란 문구에 멈추어봅니다. - 박다은(독자)

진짜 말

하지 않아야 할 말
그것은 그냥 소리입니다

해도 그만
안 해도 그만인 말이 있습니다

해도 그만
안 해도 그만이지만
하면 더 좋은 말이 있습니다

그런데
꼭 해야 할 말이 있습니다

그것이
진짜 말입니다

소리가 월담하는 세상
지금 우리는 안전한가

▌ 세상은 필요 없는 말에 너무 힘을 주고 소리를 높이고 삽니다. - 최종원(독자)
▌ 진짜 말 - 좋은 글입니다. - 장상국(독자)
▌ 정말 그래요. 맞는 말이네요. - 이애련(독자)

인품의 향기

마음이 황폐한 사람을 보면
건조하고 삭막해서
내 마음 견딜 수 없이
옹색해질 때가 있더이다

말의 예절은
몸으로의 예절보다 강하기에
밝은 색깔의 말과
감칠맛 나는 말이 사무치게 그리워

나 어느새
말이 거친 사람의 말까지도
걸러서 삼키고 있습디다

추한 것 때문에
추하지 않음이 아름답듯이
인간다운 향내가 부족한 인품을 삼키면
내 인품의 향기로
피워낼 수도 있는 것입니다

▌박 시인 이젠 모두가 성숙된 삶의 향기입니다. 더욱 그 향기 시처럼 아름답기를 희망합니다. - 정형택(시인)

▌휴대폰에 빠름과 세상의 지혜를 다 담았기에 폰 속에 살다보니 인간의 감정이 메말라 가더이다. - 심재현(독자)

▌인품의 향기에 매력이 있지요. - 이승진(독자)

감사거나 상처거나

눈과 비를 맞아
젖어보면 압니다
눈과 비에도 상처가 있다는 것을

코끝이나 손안에 든 것도
얻음과 잃음이
가슴에 파고들었을 때 감사가 됩니다

함부로 내뱉는 말 한마디
함부로 치부하지 않고
새겨들으려니 상처가 되는 것을

말 한마디라도
서로의 마음에 젖어 들어야만
감사거나 상처가 되는 것입니다

▮ 삼사일언 합시다. 좋은 글 감사요. - 손용재(독자)
▮ 무슨 상처 있어요? 밴드라도 붙여요. - 정형택(시인)
▮ 겪어 본 사람만이 할 수 있는 말이네요. - 이애련(독자)

말줄임표(…)

글자들이 생각으로 들어앉거나
눈에 들어오는 것들이 가슴에 들어와
다 익을 때까지 묵혀 두는 것은
내 단정한 품위가 되는 것

구태여
속엣것들 뱉어서 늘어놓지 않고도
무르익을 수 있는
단정한 침묵의 꽃을 피우기 위하여
나이 옆에 말줄임표(…)

▌하고 싶은 말만 하고 필요 없는 말은 서랍장 속으로 - 전성신(독자)
▌살다보면 말줄임표가 흔히 필요한 것 같아요. - 김영승(시인)
▌말줄임표, 충분히 그럴 필요가 있으리라 - 문제덕(독자)

참말과 빈말

이 세상
참말만 하고 살지 못했습니다

체면 때문에 점잖게 말하고
상황 때문에 가지런한 언어로
안타까움 때문에
고개를 끄덕이며 이해한다고
빈말도 참 많이 했습니다

그렇게
일부러 습관처럼 하다 보니
어느 순간
내 가슴 안에
내 진심이 되어있더이다

▌ 공감합니다. - 김성연(독자)
▌ 예의상 빈말을 하더라도 연습이 필요해요. - 김은주(독자)
▌ 겸손하신 작가님의 말씀, 배우렵니다. - 숙이(독자)

마음에 심는 꽃씨

사람 마음 다 다르다지만
애매모호하게 비슷하고
애매모호하게 달라서
내 마음에서 나간 말이라도
듣는 이에게
애매모호하게 도착하여
난감하게 돌아올 때가 있습니다

말하는 이의
애매모호한 말의 씨앗으로도
듣는 이의
분명한 말의 열매를 맺는 것은
두 사람의 가슴에
예쁜 꽃씨 하나 심는 일입니다

오늘
곡선으로 흐르는 분명한 꽃씨 하나
후렴하고 싶습니다.

- ▌애매모호, 때론 병이 되고 약이 되는 듯합니다. - 조은비(독자)
- ▌말하는 것과 듣고 이해하는 것에 인색했던 모양입니다.
- ▌애매모호한 씨앗이 바르게 싹이 돋아나기를 바랍니다. - 문제덕(독자)

말의 유전자

아들아이에게서
언뜻 남편의 모습이 보이고
자식의 말하는 모습에서
문득 내가 보입니다
참 많이 닮았다 싶습니다

나를 트고 나간 자식이 나를 닮듯
내 가슴을 트고 나가는 말은
나를 닮은 말의 자식을 낳습니다

내게서 나간 말이
듣는 이의 유전자를 닮은
말의 자식을 낳는다면
선하고 고운이의 유전자를 닮아
내 자식을 바라보듯
흐뭇했으면 참 좋겠습니다

▮ 토로하는 말이 곡해되어 전달되고 돌아온다면 참 무서운 것이 말입니다. - 류일권(독자)

▮ 말, 유전자의 중요함을 새삼 느낍니다. - 이상식(독자)

세상에서 가장 좋은 말은 무엇일까

생각만 해도 피식 웃음이 나는
아름다운 말이거나
소곤거리는 속삭임에도 믿음직스러운
든든한 말이 있습니다

가장 힘들 때
그 어려움을 신중하게 들어주기만 해도
힘이 되는 핫팩 같은 따뜻한 마음은
직선이 아닌 곡선의 언어입니다

오늘
"세상에서 가장 좋은 말은 무엇일까"를
고민하는 그대의 가슴이
부드러운 곡선으로 살포시 다가와
참 좋은 아침을 열었습니다

▌사랑합니다. 함께 사랑을 만드는 일, 이 말이 가장 아름다운 말 같습니다. - 이대발(독자)

▌어쩜 글을 이렇게 따뜻하게 쓰실 수 있나요? 읽을 때마다 마음이 따뜻해지고 미소가 머금어집니다. 저도 곡선의 언어를 쓰고 싶습니다. - 김미영(독자)

▌마음의 선, 좋은 글 감사합니다. - 도태주(독자)

가슴과 가슴 사이

몸이 가까이 있다하여
가슴도 가까이 있는 것은 아닙니다

찡찡 소리 나는 울음을 보며
미어지는 가슴에서 나가는 큰숨
그것이
가슴의 소리입니다

말로 하지 않아도 말이 되어
잔잔하게 소통되는
그것이
가슴의 언어입니다

혀끝에서 달달하게 노니는 인사말보다
목젖 넘기는 밍밍한 물 한 잔의 진심
그것이
따뜻한 가슴의 온도입니다

마주 보고도 천 리 밖에 두거나
몸은 천 리 밖에 있건만
내 체온 안에 들어앉아 있는 것이
한 뼘만한 그대 가슴입니다

미운 마음

불편한데 괜찮기가 어렵고
화낼 일에 웃기가 어려운 것이
사람 사는 일이라서

사랑하면
그를 향한 하늘마저 그리움이요
증오하면
그가 머문 그림자마저 미움이라.

미움받는 미운 짓이 겨자씨 만큼이라면
미워하는 내 마음이 하늘만 하니
내 안에 든 미움이
결국
나를 삼키고야 말더라

■ 이쁜 짓도 미운 짓도 모두가 보기 나름이라 안 합디여? 그렇기는 하지만 이쁜 사람 미워하려야 미워할 수 없고, 미운 짓 하는 사람 이뻐하기 어려우니 사람 살이가 다 그렇고 그런 거 같습니다. - 윤재혁(독자)

낱말에 공들여놓고

말로 다할 수 없는 세상에
말로 다할 수 없는 심사를
굳이 해야 하는 것이 시인의 마음이기에

처세술에 관한 글이 아니라도
귀 기울여 젖어 드는 그대 때문에
낱말을 선택하여 공들이고 있습니다

세상을 살피는 조용한 입바른 소리가
사람들의 입에 두루 오르내렸으면
참 좋겠습니다

▮ 시인님의 글은 언제나 과거를 회상하게 하고 지금의 삶을 생각하게 하며 미래를 꿈꾸게 합니다. 오늘도 사랑입니다. - 이호준(독자)
▮ 날마다 좋은 시 감상하며 살 수 있어 행복합니다. - 이애련(독자)

욱하는 어리석음

사과 씨만 한 일에도
욱했던
어리석었던 때가 있었습니다

요즘
누군가의 욱하는 어리석음 앞에
모르는 척 고개를 깊이 숙입니다

고개를 숙여주는 깊이만큼
나이가 들었거나
성숙해졌는지도 모를 일입니다

욱하는 마음 뒤에는
분명
깊은 상처 하나 남는 것입디다

▮ 이 글을 보니 마치 제 마음을 보는 느낌이 듭니다. - 최영복(시인)
▮ 좋은 글입니다. 저도 예전에는 욱 많이 했었는데 이젠 고개 숙이는 횟수가 더 많아집니다. - 김미덕(시인)

제7부
영웅들의 희망

보편적인 것은 노래가 되지 않는다

때로는 팍팍하게
때로는 아옹다옹 살면서
힘들고 답답해서 지치고
그것이 슬픔이라 여기는 것
사실은
대부분 그렇게 사는 것이랍니다

마주 보는 인연이거나
나란히 가는 동반자이거나
어느 날 대못 뽑아낸 흔적 같은
뒷모습을 보이는 것
사실은
그것이 보편적이지 않은 슬픔입니다

그래서

이별이라는 것은

때로는 노래가 되고

때로는 시가 되는 것입니다

▌ 이별이 노래가 되고 시가 된다는 표현이 가슴에 와 닿습니다. - 이호준(독자)
▌ 작가님의 삶의 노래가 시가 되고 노래가 되네요. - 차태병(독자)
▌ 집집마다 고통은 다 안고 살아가는 것 같습니다. 아픈 만큼 성숙한다는 말로 위로해봅니다. - 임미화(독자)

실꾸리 이야기

규칙적으로 반복되는 무늬
오묘하고 예쁜 문양으로 겹치다가
방바닥에 멋대로 구르면서도
질서 있게 풀리던 그것

혼수품으로 따라오던 왕골 반짇고리 안에
신랑 각시처럼
실꾸리에는 바늘이 꽂아져 있고
자식처럼 가지런한 단추들
그 안에 왕처럼 누워있던 가위까지

서두름 없이 파란 하늘을 보다가
서두르지 않아도
풀릴 것은 풀리는 것이라니

겸손한 혼수품에
아름다움으로 차곡차곡 감긴
실꾸리의 이야기를 깨닫기까지
60년이 걸렸다

▌ 깨달아서 부럽습니다. 나는 작가님의 글을 읽고 알았습니다. - 임춘임(시인)
▌ 시인님 뇌는 황금뇌, 문득 법정스님의 오두막 편지에 나오는 황금뇌 이야기가 생각나네요. 가치 있게 쓸 줄 아는… - 김현숙(동시작가)
▌ 실꾸리 풀어헤쳐 놀다가 많이 혼난 기억이 납니다. - 한승현(독자)

선

보잘것없는 실 같은 선이라도
고운 선 하나 가지런히 보태지면
가지런한 바람을 만들고

꽃잎 같은 선이라도
가로 세로로 포개지면
모서리에 점 하나 찍히는가 하면

화려한 선이라도
길고 길게 늘어지다 보면
끝내는 매듭 하나 생기고야 말더이다

사람과 사람 사는 이치가
어찌
선과 같지 않겠던가

▌어찌하여 시편들이 나를 설레게 하는 것은 아직도 글쟁이들의 글발에 전율하는 것은 나는 아직 글쟁이이고 싶음일까요? - 문주환(시조시인)

▌가끔은 얽힘에서 벗어나고 싶을 때가 있기도 하고 얽히지 않고 살기가 참 어렵다는 생각이 듭니다. - 윤준(독자)

▌항상 높은 곳을 향한 작가님. 감사합니다. - 이성일(시인)

▌이런 깊이 있는 글이 어디서 나올까요. 참 세상 이치에 맞는 말입니다. - 김용수(독자)

도미노 같은 인생

단 몇 초의 희열을 위해
공들여 쌓았다가
단 몇 초에 무너지는 것이
도미노의 안타까운 매력이라면

세워져 있다 하여 영원한 것이 아니며
쓰러졌다 하여 끝난 것이 아니어서

도미노는
차례로 쓰러지는 것도 위대하다

넘어지지 않는 인생 어디 있으랴
어차피 인생은
도미노 같은 것 아니던가

▌ 갈수록 도력이 강해지네요. - 고정선(시인)

▌ 손자 손녀와 놀면서도 느껴보지 못했던 도미노 놀이를 인생살이로 멋지게 풀어주시는 아름다운 시 감사합니다. - 위주환(독자)

▌ 공감이 가네요. 인생은 도미노지요. - 이애련(독자)

코로나19

하루쯤 앓고
육신의 소중함을 알게 하려함도 아니고
이틀쯤 앓고
삶의 존귀함을 깨닫게 함도 아닌

근본도 없이 날아와
신비로운 몸에 쿠데타를 일으켜
어쩌자는 것이냐.

이 아름다운 세상
될 대로 되라는 것도 아니며
시간이 흘러 대책이 되는 것도 아니어서
살아왔고
살아가고
살아갈 세상

별 것 아닐 수 없는 세상이라고
코로나19 너를 향해
화두를 던진다

▌코로나 때문에 다들 있어야 할 자리에 있어야 할 사람들이 그립습니다. - 김용기(독자)

▌마음에 와 닫는, 정이 가는 글이네요. - 이애련(독자)

다시 하나 되기

루사 올가 매미 솔릭 등
국토를 강타해버린
만물의 수난 속에서도
세상의 근심 그 틈으로
여전히 청명한 햇볕은 비추었다

게릴라성 최악의 홍수거나
소양호가 바닥을 드러냈던 가뭄도
드러누운 풀들과 함께
아침은 평화롭게 찾아왔다

온 국민 초미관심의 끈으로
서로의 안부를 묻게 하는
코로나19 너로 인하여
우리는 다시 하나가 된다

▌그 하나의 힘으로 우리 다시 평화를 맞으리. - 김현숙(시인)
▌그럼요. 모두가 힘을 모을 때죠. - 김진경(독자)

코로나 시대의 시인들

광복절에
시인들이 모여앉아
무궁화를 그리거나
조국과 선조에게
감사의 편지는 쓰지 않는다

숨이 턱 막히는 팔월 햇볕을
황홀하다고 쓰고
홍수가 밀고 간 안부를 나누어
품어보고 싶다고 쓴다

시를 쓴다는 것은
미친 짓이라는 것을 뻔히 알면서도
늙은 가지 속 등고선 같은
이 나라 발부리의 코로나 시대를
뻐근한 가슴으로 쓰고 있는 것이다

▌숨겨진 진심은 눈빛으로 알아요. - 정미화(독자)
▌코로나와의 싸움 벌써 8개월째, 언제 끝날지 아득합니다. - 위주환(독자)
▌그래도 힘들 때는 고개 들어 파란 하늘 한 번 쳐다보며 희망을 걸어봅니다.
- 이채원(독자)

영웅들의 희망

지금 세상에는
알바노조의 투쟁
빨간 머리띠를 두르지 않은
과식투쟁의 눈물 나는 고통분담이 있으며

지금 대학로에는
풋풋한 청춘들이
위기의 강
고통의 대호를 건너느라
남루해가는 청춘들이 있습니다

코로나와 싸우고
경제와 싸우는 이만한 재앙 앞에
사람과 사람이 뭉치고
싸우지 않는 국민이 영웅입니다

포장의 기술이 되어버린 선거에
싸우지 않을 사람
협치하는 위정자가
영웅들의 간절한 희망입니다

▌ 의미 있는 글이네요. - 이천수(독자)
▌ 어쩌면 이렇게 공감이 가는 글을 쓰시는지, 읽고 나니 정말 그러네요. 늘 여우님의 좋을 글을 읽을 수 있어서 행복합니다. - 이애련(독자)

코로나 시대 - 쓸쓸한 죽음, 그 와중에도

코로나19로 인한 애도 받지 못하는
쓸쓸한 죽음들
비극 아닌 죽음이 어디 있겠는가만
거장이거나 민초거나
낯가림하지 않는 코로나19로 인한
서러운 죽음의 와중이라도

천재가 죽으면
천재에는 관심이 없다
천재가 지니던 지성과 인품이
천재의 죽음을 안타깝게 하는 것이다

사람이 사람답다는 것은
죽어도 사람답기 때문이리라

▌요즘은 모두가 처절한 느낌입니다. - 신지영(시인)
▌적절하지 못한 행동으로 모든 것이 무너졌네요. - 채연우(독자)

코로나 시대 - 청년의 길

한사람이 지나가는 길이
마지막이 될 수 없는 까닭은
밝음에서 어둠으로 이어지며
구속에서 자유로 이어지고
돌고 돌아
하늘에서 땅으로 이어지기 때문입니다

태어나서 시작한 길이
죽음으로 끝이 아니라
부모의 길이 영원한 것이며
자식의 길 또한 영원한 것이어서
코로나19 시대
지금 청년의 길이 걱정입니다

▌하루빨리 평화로운 일상으로 돌아가고 싶습니다. - 홍영애(독자)
▌마음을 다잡지 않으면 미래가 불투명하겠지요? - 김연희(독자)

재앙이 지나가고 있더이다

꽃을 피워 두고
자연이 사람을 끌어당기는데
길을 내어 종합안내소를 두고
사람이 사람을 안내하더니

종합통제소를 설치하고
사람의 길을 사람이 막고
끝내는
자연이 사람을 거절하고 있더이다

자연 속에 사람이 선을 이탈하여
작은 균열이 생긴 코로나 시대
그 선을 따라
바람처럼 재앙이 지나가고 있더이다

▌계절은 봄인데 마음은 봄이 아직입니다. - 안명성(독자)
▌이 어려운 시기가 바람처럼 지나가기를 바랍니다. - 권옥순(독자)
▌사람이 의도할 수는 있어도 자연까지 이럴 줄은 몰랐습니다. 이 또한 지나가겠지요. - 이종수(독자)

막을 수 없는 길

만나고 싶고
보고 싶은 사람을 향한 길이
항상 열려있을 때는 몰랐었다

코로나19로 인한
사람과 사람의 길을 막아 놓으니
견딜 수 없는 그리움까지 막연한데

결코 막을 수 없는 길이 있어
아까운 사람 하나
그 길을 택해 떠났다는 비보를 접한다

3월 볕 따사로운데
동백꽃 통째 툭 떨어진다

▌ 힘들어도 이 또한 지나갑니다. - 이수옥(독자)
▌ 그렇지요. 막을 수가 없는 길이지요. - 이애련(독자)

가난이 가난에게 희망이 되어

물기 마른 세상
길조차 막아버린 시국에
어물전 촉촉한 비린내와
푸성귀 한 다발에 묻은
찰진 흙냄새가 살아있는 오일장에서는

땡땡 언 조기새끼 자식처럼 눕혀놓고
무급휴가에 지친 가난한 사람들의 발걸음에
희망을 걸어보는 가슴이 허전한 사람들이

생선 궤짝이 엎드려준 밥상에
조팝꽃 같은 쌀밥을 올리고
서로의 밥 안부를 살핍니다

가난이 가난에게 희망이 되어
흔들어주고 막아주는

끝내는
코로나 마침표가 될
의지의 풍경입니다

■ 생각을 글로 바꿀 수 있는 재주가 부럽습니다. - 이애련(독자)
■ 생선궤짝이 엎드려 준 밥상, 참 옛 모습이 그립네요. 여우님의 시적 상상력이 물기 올랐군요. - 정형택(시인)

제8부

그림자마저 하늘입니다

눈물 버튼

꽃이 머물렀다가 피는 것
꽃의 향기로움에 벌들이 찾아드는 것
여자의 일생이었다

여자는 꽃과 같아서
여자가 늙으면
여자를 추억하며
꽃밭에서 사진 찍는 것을 좋아한다

여자가 어머니로 살아오신 까닭에
어머니는 꽃밭에 앉아계셔도
늘 눈물 버튼이다

▌ 우리들의 어머니 시대는 많이 고달팠지요. 공감합니다. - 서정선(독자)
▌ 맞아요. 꽃밭사진 슬프지요. - 권순옥(독자)

내 인생은 내 것이라 하면서도

분명
자식 낳으려
세상에 태어난 것은 아닌데

자식을 낳아
자식이 가정을 이루고
자식이 그의 자식을 얻었을 때
비로소
할 일 다한 것 같더라

말로는
내 인생은 내 것이라 하면서도
내 인생 헐어서 자식을 위해 쓸 때
내 인생의 기쁨이며 행복이더라

▌기쁨과 슬픔, 양면적인 감정을 주는 유일한 존재, 그것이 자식이더군요. - 김정숙(독자)

▌작가님의 가슴에 언제나 어머니가 크게 자리잡고 계시는 듯합니다. - 임미화(독자)

불씨의 신화

아궁이에 불을 때고 담아둔 불씨를
동그랗게 감싸고
무릎을 포개고
손등을 나란히 내밀어
밖에서 묻혀온 찬바람까지 덥혀주었더란다

불씨에 인두를 달구고
손가락에 침을 발라 인두의 온도를 측정하여
저고리 동정을 붙이던
지혜로운 어머니의 모습이
재를 헤치면
밤하늘의 별처럼 살아나던 불씨처럼
아름다웠더란다

늙은이의 마른기침 속으로
효자처럼 품어 안기던 불씨는
깊은 겨울의 기억 속에서
어느덧 신화가 되었더란다

▮ 도시 처녀가 시골로 시집가서 아궁이에 불피우던 것이 신기했던 옛날 생각이 나네요. - 이애련(독자)
▮ 곰삭은 시인의 품격이 느껴져서 원숙한 인간미까지 느껴집니다. - 정형택(시인)

오래된 장롱에서 세월을 꺼낸다

이채롭게 5월을 에워싸던 그 꽃
눈에서 잊히더니
침묵처럼 깊은 실연의 이야기가
세월처럼 위풍당당하다

서리 내리는 순간
허무하게 툭 떨어진 오동잎이
세월처럼 기세등등하다

오동나무 한 그루 심을
땅 한 평 없는 것도
딸에게 미안함이 되었던
내 어머니의 천 년 가락이

오래된 베니어판 장롱 속에서
오동나무처럼 서럽다

* 우리 조상들은 딸을 낳으면 장롱으로 사용할 품격과 실용을 갖춘 오동나무를 심었다.

▌ 그래서 저도 오동나무 2그루 심었었는데 지금에 와서는 허허 - 김홍식(시인)
▌ 그래서 시집갈 때 오동나무 장롱을 해주셨는가 보네요. - 이애련(독자)
▌ 저희 할아버지는 오동나무에 옻칠한 장롱을 할머니께 만들어주셨어요. 어릴 적 추억이 몽글몽글 - 서윤희(독자)

어머니는 시(詩)가 되어

비가 내리면
어머니가 시(詩)가 될 줄 몰랐다

텃밭에서 쪽파 쑥쑥 뽑고
청양고추 서너 개 따다가
군내 나는 묵은지 송송 썰어
종교 같은 자식 앞에 바쳐주시던
밀전 한 장

빗발치듯 휘몰아치는 일상이라도
비가 내리면 고요해지는 것은
비만 내리면 일손을 놓으시고
집안에 어머니가 계셨던 까닭이다

땀내 배인 어머니의 숨소리처럼
열린 눈물샘에서 가슴으로 내리는 장맛비
눈물 없이 우는 일이
얼마나 기막힌 일인가

▌좋은 글 참 깊은 생각을 해봅니다. - 김홍숙(독자)
▌너무 좋은 시 글귀가 가슴을 찡하게 울리네요. - 박성복(독자)

음식의 향기

살다가
가진 사람을 보면
내 가난이 더 선명해질 때가 있습니다

그러함에도 불구하고
팔뚝에 마늘주사 꼽는 것 보다
어머니의 레시피로 익숙했던
이맘 때 물천회는
내게는 치유의 음식이 됩니다

씨간장처럼
아버지의 영이 살아있는 집
어머니의 깊은 숨 속에 들어앉아 있는
고향 같은 음식의 향기

보양식이라는 장어탕을 끓여놓고도
술국으로나 시원한
시래깃국 향수에 갈증이 납니다

▮ 추억이 떠오르는 글이네요. - 최동식(독자)
▮ 시인의 마음에는 한 숟갈 밥을 뜨면서도 그 시절이 그립고 음식을 먹으면서도 옛 추억을 소환하네요. - 윤준(독자)

그 어머니의 스물다섯

올해 나이 팔십이라는
그 어머니는
어머니의 왕국인 텃밭에서
마늘을 캐다가 마당에 펴 놓고
마늘 다발 엮은 이야기를
참 천진스럽게 하십니다

마늘 대가리
스물다섯 개를 세다가
세어놓은 스물다섯을 잊어버리고
다시 세고
스물다섯까지만 자꾸 셌다며
참 천진스럽게 이야기하십니다

오다가다 만난 그 어머니는
어쩌면
팔십을 세자니 아득한 세월이라
스물다섯만
자꾸 세고 계셨는지도 모르겠습니다

세상 밖에 계신 내 어머니
다시 돌아오실 수만 있다면
다섯까지만 세고 계셔도
참 좋을 것 같습니다

▌ 쓰담쓰담 그리움이 듬뿍이군요. 차 한 잔으로 달래시게요. - 김민지(독자)
▌ 가슴이 뭉클 메어오네요. 어머니라고 부를 수 있는 사람이 세상에 존재하는 것만으로도 감사입니다. - 한영희(독자)

내 어머니도 이러하셨으리라

색종이로 만든 카네이션을
하늘에서 별을 따온 듯 기뻐하며
고사리 같은 손에 꼭 쥐고
가슴에 파고들던 아이를
세상에서 내 자식만 그러한 듯
흐뭇했던 젊은 시절이 있었다

내가 준 돈으로
카네이션 한 송이 사다가
내 가슴에 달아주던 아이를
세상에서 내 자식만 그러한 듯
여기저기 자랑하고 싶던 시절도 있었다

내가 번 돈도 아니고
내가 준 돈도 아니고
참으며 견디며 스스로 벌어서
두 손으로 쥐어 주는 용돈이라는데
세상에서 내 자식만 짠한 듯
가슴이 아프다

아마도

내 어머니도 이러하셨으리라

▌ 울컥한 마음이 듭니다. 옛 추억을 생각나게 해주셔서 고맙습니다. - 최은희(독자)

▌ 그래서 자식이 나이 먹을 때까지 살아야 효도받는다네요. - 이애련(독자)

▌ 오월의 가정의 달에 한 번 더 오래오래 효심을 담겨지기를 소망해 봅니다.
- 문주환(시조시인)

어머니의 기운

눈썹 같은 초승달에서
덜 채워진 반달이 되었다가
비로소 정월 대보름 온달로 차오르는 것

아이가 잉태하여
어머니의 몸에서 만삭이 되었다가
새 생명으로 태어나 그 빛이
비로소 세상을 넘치게 하는 것

대보름달이 차고 넘쳐
하늘에서 땅으로
내려주는 복이라면

바닥을 향하는 당신의 몫까지
자식을 향한 어머니의 기운은
분명 우주를 차고도 넘치리

* 정월대보름 어머니의 기운으로 복을 드립니다.

▌오늘은 꼭 한 번 더 안아드려야겠습니다. 그리고 사랑합니다. - 김석(독자)

가을바람이 붑니다

토닥토닥 두드리고
흔들흔들 달래며
엄마의 눈빛 속에
자식을 넣습니다
세상에서 가장 큰 엄마의 힘으로
아이가 자랍니다

눈을 뜨고도 어두워
갔던 길 묻고 또 묻는
늙은 어머니라도
세상에 살아계신다는 든든함으로
자식이 늙어갑니다

늙어도 선한 눈빛과
피골뿐인 젖가슴이라도
내가 담긴 어머니의 그릇이
고봉으로 그리운 가을바람이 붑니다.

- 가을바람이 서글퍼지는 까닭이 그래서이군요. - 윤재혁(독자)
- 엄니 아부지 다 살아계시니 행복입니다. - 서정향(독자)
- 글을 읽고 눈시울을 적십니다. 퇴근 후 엄마께 전화드려야겠습니다. 고맙습니다. - 남영순(독자)

개떡

뻔한 찬바람이
온몸에 착 달라붙는 팔월 아침
개떡을 빚는다

보리방아 찧은 날이면
어김없이 밥 대신 올라앉았기에
뜬금없이 만나도 익숙한
고향 같은 그 개떡

이제는 소울푸드가 되어
냄새만 맡아도 편안해지는
내 몸 치유의 개떡을 익혀내니

약속처럼 앉아계시는
창백한 어머니의 얼굴
찜솥 안에 가득하다

▌ 옛 추억을 불러주셔서 감사합니다. - 김병호(독자)
▌ 오랜만에 보는 먹거리네요. 먹고 싶네요. - 정성배(독자)
▌ 요즘 이런 것도 빚을 줄 아는 작가님 너무 정겹고 옛 시절이 그립네요. - 신희영(독자)

모녀의 밥상

내 가까운 곳의 음식을
당신 딸 앞으로 옮겨다 주시던
그 어머니를 보면서
"나도 엄마가 계셨으면"하는 생각을 했었는데

오늘
딸아이와 마주 앉은 밥상에서
딸아이의 앞 접시에
하찮은 반찬을 밀어주고 올려주고

엄마가 된 딸아이가
엄마와 마주 앉아
다시 자식이 되어주는
그 소중한 모습이
분명 행복인데 아프고
고마움인데 짠합니다

▌어머니! 오늘은 한 번 더 안아드려야겠습니다. 그리고 사랑합니다. - 김석(독자)

오동꽃 어머니

그 옛날
딸아이 블라우스 정숙한 옷깃에서
지아비를 맞이해도 될 만한
성숙한 분냄새가 흩어지고
딸아이 닮은 오동나무에는
새로운 생명을 잉태할 자세로
주렁주렁 보랏빛 오동나무 꽃이 피고 있었다

5월만 되면
붕어모양 쇳대로
굳게 봉인해놓은 압닫이 안에
할머니의 세월이 촘촘히 누워계시고
다사다난했던 어머니까지 가둬져 계시다가
까만 주물로 멋을 낸 장식을
반질반질하게 닦으시던 오동꽃 어머니

화려하지 않으면서
풋풋한 살 냄새 베어 물고 피는
어머니 닮은 소박한 그 꽃
그 곳에 가면 계실 것 같은
5월의 산에는
시집간 딸아이의 장롱 속처럼
보랏빛 분 내음이 가득하다

▌ 어릴 적 외가에서 보았던 오동나무장을 추억하게 해주셔서 감사합니다. - 지니(독자)
▌ 5월의 날씨가 예전 같지 않아 오동꽃도 힘들겠어요. - 이상식(독자)
▌ 소박한 삶의 정취가 배어있는 아름다운 작품입니다. - 명연(독자)

엄마니까

세상에서
가장 사랑해야할 사람은
나 자신이라고 말하면서
스스로 다그치며
스스로 쓴맛을 선택해서
쓰린 가슴을 통통 치면서
삼킬 때가 있습니다

냉정하고 어두운 상황에서도
어금니 앙다물고
그래봤자 세상이라 다독이며
하늘에 깔린 초롱초롱한 별빛을
세상에서 가장 외로운 심장으로
품을 때가 있습니다

그래놓고
자식 앞에서는
사시사철 피는 아네모네인양
환히 피어 웃습니다

엄마니까요

▌ 아네모네 꽃말처럼 부모는 늘 정직과 고독, 그리고 성실하게 자식 위해 희생하며 한평생을… - 이채원(독자)
▌ 마음에 와 닿습니다. - 이애련(독자)
▌ 좋은 글로 울리지 마세요. - 김명옥(독자)

어머니만 가시던 그곳

치마폭을 부여잡다가
두 발 동동 구르다가
살아서는 다시 못 볼 양으로
어머니의 모습이 보이지 않을 때까지
울고 있는 아이가 있었습니다

서쪽 하늘에 저무는 해는
세상에서 가장 슬픈데
지시락 밑에 그림자 드리울 때까지
가차 없이 떠나신 어머니를
기다리는 아이가 있었습니다

그러다가
해질녘에 돌아오신 어머니의 장바구니에
일그러져 범벅이 된 풀빵 몇 개와
아메사탕 몇 알에
아이의 눈물과 기다림은 끝이 났습니다

언젠가는
어머니만 가시던 그곳
오일장에 꼭 가보고야 말겠다
마음먹었습니다

▌ 오일장 잘 다녀왔습니다. 촌놈 가슴에 울림 주신 완벽한 추억 소환, 감사합니다. - 오유선(독자)

▌ 그리움이 물씬 묻어난 추억의 그림, 몽당 크레파스로 잘 그리셨습니다. - 조강국(독자)

▌ 읽고 나면 정말 그래 하는 감동이 묻어나니 우리 여우님 시적인 표현이 대단합니다. - 이애련(독자)

그림자마저 하늘입니다

자식이면서 홀로서기를
아내이면서 가장으로
부모이면서 자녀들과 함께 학생이 되어
하루도 돈벌이 없이 살아본 적 없었네

어느 한날
내 등 뒤에 걸린
하늘 한번 쳐다보니

주머니 가벼울 때마다
마음은 무거웠고
가끔씩 아주 가끔씩은
돈이 없어
그리움조차 참아야 할 때도 있었건만

그 세월마저 달달하게
추억할 수 있게 하는 것이
오직 반듯한
자식의 그림자였습니다

그렇게
부모가 자식의 하늘이라면
자식 또한 부모의 하늘입니다

▌ 맞아요. 나를 버티게 하는 것도, 나를 웃게 하는 것도 자식입니다. - 서정향(독자)

▌ 부모의 마음을 올리신 글 잘 읽고 갑니다. - 이도육(독자)

어머니의 소리

샛바람에 단정하게 아침을 깨워서
떨깍 쫘아악 어머니의 부엌문 여는 소리

동네 공동 샘물 양동이 가득 여다가
좌르르륵 물독 채우시는 소리

불쏘시기 검불 호르륵 일어
생솔가지 탁탁 꺾어 올리면
궁합 잘 맞는 신랑신부 합방하듯
아궁이에 불길 오르는 맑고 고운 소리

찰싹찰싹 쌀 일궈내는
조리소리 끝나면
외양간 구시에 구정물 붓는 소리

보리 위에 쌀 한 줌 뜨물 받아놓고
장꽝으로 된장 푸러 가시는
자박거리는 어머니의 발자국소리
잠시 후
시래깃국 끓이는 구수한 소리

물기가 많은 마파람 끝에는
비가 내리고
서늘한 하늬바람 끝에는
곡식이 여문다고
바람을 읽으시며 풀어놓으신
어머니의 독백

우수수 쏟아질 것 같은 별들의 소리거나
바람과 구름의 소리까지도
가슴으로 만들어내시던
어머니의 소리

어머니의 심장과 가장 가까운
어머니의 무릎에 누워
처마 밑 고드름이 녹아 똑똑 떨어지는
입춘 이야기를 듣고 싶다

▌글을 보면 참 편안해집니다. - 홍향숙(시인)

▌옛날 시골풍경과 엄니가 그대로 투영되어 있네요. 그렇게 그리운 것들, 이제는 어디에서 찾을 수 있을지. - 윤준(독자)

어머니의 칠월

칠월 땡볕 아래서
마늘 캐고 난 자리에
매주 콩을 심고
강낭콩 수확한 자리에
들깨를 심는
어머니의 질리지 않는 초록의 땅

열대야를 업고 와서
열풍을 쏟아 놓아도
옹이진 손끝으로
실한 더덕 고추장독에 박아 두고
늙은 쑥갓꽃처럼
자식의 그림자를 기다리던
어머니의 칠월에는

바람 한 점 없는 논고랑 밭고랑에
내 속도 모르고
개망초꽃 무리 지어 피어서는
그지없이 먹먹해진 가슴
칠월에는 여울도 깊다

▌ 어머니께서 개망초꽃을 좋아하셨는가 보네요. 무리 지어 피어 있으면 멋진 풍경이지요. 개망초꽃을 보면 어머니가 생각나시겠네요. - 이애련(독자)

▌ 개망초꽃 속에 어머님의 그리움이 묻어 있는 작가님의 마음 글을 접하고 먹먹한 가슴 쓸어봅니다. - 김나현(독자)

우리들의 어머니에게 우리들은

어렵게 거동해 혼자서
정형외과 찾아오신 한 어머니가
접수대 앞에서 묻지도 않은
아들자랑을 하십니다.
"날마다 전화해주고 돈도 보내준다"고
그리고는
얼굴에 화색이 돕니다

잠시 후
한 중년 신사가
접수대에 어머니를 접수합니다
말씀이 없으신 어머니는
아들 곁에 앉아만 계셔도
얼굴에 화색이 돕니다

우리들의 어머니에게 우리들은
세상에서 가장 든든한
배경이고 빽입니다

▌덕분에 다시 한 번 부모님을 떠올려 봅니다. 늘 우리의 숨은 기억을 일깨워주는 글 고마워요. - 미성(독자)

▌그런 어머니께 따뜻한 말 한마디 못 하고 살고 있으니 참 어리석음을 새삼 느끼네요. 고맙습니다. - 우승희(독자)

자식이 세월입니다

달콤하고 설레던 세월이
봄처럼 지나갔는가 하면
무정하고 서늘한 세월이
가을처럼 다가와
그지없이 허무함으로 뒤돌아보니

내 몸에서 태어난 자식이
어느덧 열매를 맺어
어린 꽃들이 여럿인 것을 보면
힘차게 진땀만 빼고 살아온 세월은
깊고도 깊은 까닭이 됩니다

그렇게
자식에게서 세월이 보입니다

▮ 손자의 크는 모습과 나의 늙음이 세월의 허무함을 더욱 더 느끼게 하네요. - 이상식(독자)

▮ 작품이 참 심오합니다. - 인정익(독자)

▮ 어쩌면 이렇게도 공감 가는 글을 쓰시는지요. - 전정숙(독자)

박춘임 제9시집

가슴과 가슴 사이

초판발행일 2021년 8월 15일

지은이 : 박춘임
발행인 : 김순진
편집장 : 전하라
디자인 : 김초롱
펴낸곳 : 문학공원
등 록 : 2004년 3월 9일 제6-706호
주 소 : 우편번호 03382 서울 은평구 통일로 633
녹번오피스텔 501호 스토리문학사
전 화 : 02-2234-1666
팩 스 : 02-2236-1666
홈페이지 : http://cafe.daum.net/yob51
이메일 : 4615562@hanmail.net

※ 책값은 뒤표지에 있습니다.

※ 본지는 전남문화예술재단의 지원금으로 제작되었습니다.